Warum wir lachen

Der Nobelpreisträger **Henri-Louis Bergson** (1859 - 1941) war ein französischer Philosoph, der in der Tradition der kontinentalen Philosophie vor allem in der ersten Hälfte des 20. Jahrhunderts großen Einfluss hatte. Seine große Popularität löste in Frankreich eine Kontroverse aus, da seine Ansichten als Widerspruch zur säkularen und wissenschaftlichen Haltung des Staates angesehen wurden.

Über das Buch:

In diesem großartigen philosophischen Essay, der zu Beginn des 20. Jahrhunderts geschrieben wurde, stellt Henri Bergson die Frage, warum die Menschen lachen und was die Bedeutung ihres Lachens ist. Die drei Texte sind durch dieselben Fragen miteinander verbunden: Was ist es in der Sprache, das einen Witz lustig macht und warum bringt uns das Lustige zum Lachen? Worin bestehen die Funktionen des Humors? Wann ist eine Situation komisch?

Wie andere Philosophen, Schriftsteller und Humoristen seiner Zeit beschäftigte sich auch Bergson mit der Dualität von Mensch und Maschine. Mit einer prägnanten und provokanten Denkweise formuliert der Philosoph eine feine Reflexion über das Lachen als bedeutendes Element unserer Kultur, die diesem Werk seinen berechtigten Status als große These über die Prinzipien des Humors verleiht.

WARUM WIR LACHEN

Essays über die Bedeutung des Komischen

Von
Henri Bergson

Neu-Übersetzung

Toppbook Wissen Bd. 24

Bibliografische Information der Deutschen Nationalbibliothek:
Die Deutsche Nationalbibliothek verzeichnet diese Publikation in der
Deutschen Nationalbibliografie; detaillierte bibliografische Daten
sind im Internet über dnb.dnb.de abrufbar

Herstellung und Verlag: BoD – Books on Demand, Norderstedt
ISBN: 978-3-7557-4790-1

Inhaltsverzeichnis

Warum wir lachen

KAPITEL I - DAS KOMISCHE IM ALLGEMEINEN - DAS KOMISCHE ELEMENT IN FORMEN UND BEWEGUNGEN- DIE EXPANSIVE KRAFT DES KOMISCHEN.

Was bedeutet das Lachen? Was ist das basale Element des Lachens? Welche Gemeinsamkeiten gibt es zwischen der Grimasse eines Spaßvogels, einem Wortspiel, einer zweideutigen Situation in einer Burleske und einer Szene der hohen Komik? Welche Methode der Destillation wird uns immer dieselbe Essenz liefern, von der so viele verschiedene Produkte entweder ihren aufdringlichen Geruch oder ihr zartes Parfüm leihen? Die größten Denker, von Aristoteles abwärts, haben sich mit diesem kleinen Problem auseinandergesetzt, das sich jeder Anstrengung entzieht, das immer wieder entweicht, um dann wieder aufzutauchen, eine freche Herausforderung für die philosophische Spekulation. Unsere Entschuldigung dafür, dass wir das Problem unsererseits angehen, liegt in der Tatsache, dass wir nicht versuchen werden, den komischen Geist in einer Definition gefangen zu halten. Wir betrachten es vor allem als eine lebendige Sache. Wie trivial es auch sein mag, wir werden es mit dem Respekt behandeln, der dem Leben gebührt. Wir werden uns darauf beschränken, ihm beim Wachsen und Gedeihen zuzusehen. Wir werden beobachten, wie es unmerklich von einer Form in die andere übergeht und die seltsamsten Metamorphosen vollzieht. Wir werden nichts verschmähen, was wir gesehen haben. Vielleicht gewinnen wir aus diesem längeren Kontakt etwas Flexibleres als eine abstrakte Definition, nämlich eine praktische, intime Bekanntschaft, wie sie aus einer langen Freundschaft entsteht. Und vielleicht stellen wir auch fest, dass wir unbeabsichtigt eine Bekanntschaft gemacht haben, die nützlich ist. Denn der komische Geist hat eine eigene Logik, selbst in seinen wildesten Exzentrizitäten. Es hat Methode in seinem Wahnsinn. Er träumt, das gebe ich zu, aber er beschwört in seinen Träumen Visionen herauf, die von einer ganzen sozialen Gruppe sofort akzeptiert und verstanden werden. Kann es uns also nicht zeigen, wie die menschliche Vorstellungskraft funktioniert, insbesondere die soziale, kollektive und populäre Vorstellungskraft? Sollte sie, die aus dem realen Leben hervorgegangen und der Kunst verwandt ist, uns nicht auch etwas Eigenes über Kunst und Leben zu sagen haben?

Zu Beginn möchten wir drei Beobachtungen anstellen, die wir als grund-legend betrachten. Sie beziehen sich weniger auf das Komische an sich als auf den Bereich, in dem es gesucht werden muss.

I

Der erste Punkt, auf den Sie aufmerksam gemacht werden sollten, ist, dass das Komische nicht außerhalb des rein MENSCHLICHEN existiert. Eine Landschaft kann schön, reizvoll und erhaben oder unbedeutend und hässlich sein; sie wird niemals lächerlich sein. Sie können über ein Tier lachen, aber nur, weil Sie in ihm eine menschliche Haltung oder einen menschlichen Ausdruck erkennen. Sie können über einen Hut lachen, aber das, worüber Sie sich lustig machen, ist in diesem Fall nicht das Stück Filz oder Stroh, sondern die Form, die der Mensch ihm gegeben hat, die mensch-liche Willkür, deren Gestalt er angenommen hat. Es ist merkwürdig, dass eine so wichtige und zugleich so einfache Tatsache nicht stärker die Auf-merksamkeit der Philosophen auf sich gezogen hat. Einige haben den Men-schen als "ein Tier, das lacht" definiert. Sie hätten ihn genauso gut als ein Tier bezeichnen können, das ausgelacht wird. Denn wenn ein anderes Tier oder ein lebloser Gegenstand die gleiche Wirkung hat, dann liegt das immer an einer gewissen Ähnlichkeit mit dem Menschen, an dem Stempel, den er ihm aufdrückt, oder an dem Gebrauch, den er ihm macht.

In diesem Zusammenhang möchte ich als ein ebenso bemerkenswertes Symptom die Abwesenheit von Gefühlen erwähnen, die normalerweise mit dem Lachen einhergeht. Es scheint, als ob das Komische seine beunruhi-gende Wirkung nur entfalten könnte, wenn es sozusagen auf die Oberfläche einer durch und durch ruhigen und unaufgeregten Seele fällt. Gleichgültig-keit ist seine natürliche Umgebung, denn das Lachen hat keinen größeren Feind als das Gefühl. Ich meine nicht, dass wir nicht über eine Person lachen könnten, die uns zum Beispiel mit Mitleid oder sogar mit Zuneigung erfüllt, aber in einem solchen Fall müssen wir unsere Zuneigung für den Moment zurückstellen und unserem Mitleid Schweigen auferlegen. In einer Gesell-schaft, die aus reinen Intelligenzen besteht, gäbe es wahrscheinlich keine Tränen mehr, aber vielleicht noch Lachen. Hochemotionale Seelen hingegen, die im Einklang mit dem Leben stehen und in denen jedes Ereignis gefühls-mäßig verlängert und wiederholt wird, würden Lachen weder kennen noch verstehen. Versuchen Sie, sich einen Moment lang für alles zu interessieren, was gesagt und getan wird; handeln Sie in der Vorstellung mit denen, die handeln, und fühlen Sie mit denen, die fühlen; mit einem Wort, geben Sie

Ihrer Sympathie die größtmögliche Ausdehnung: wie durch die Berührung eines Zauberstabs werden Sie sehen, wie die fadenscheinigsten Dinge an Bedeutung gewinnen und sich ein düsterer Farbton über alles legt. Treten Sie zur Seite und betrachten Sie das Leben als unbeteiligter Zuschauer: So manches Drama wird sich in eine Komödie verwandeln. Es genügt, wenn wir in einem Raum, in dem getanzt wird, unsere Ohren auf den Klang der Musik einstellen, damit die Tänzer sofort lächerlich wirken. Wie viele menschliche Handlungen würden einem ähnlichen Test standhalten? Würden wir nicht sehen, dass viele von ihnen plötzlich von ernst zu fröhlich übergehen, wenn wir sie von der begleitenden Musik des Gefühls trennen? Um seine ganze Wirkung zu entfalten, verlangt das Komische also so etwas wie eine kurzzeitige Betäubung des Herzens. Er appelliert an die Intelligenz, schlicht und einfach.

Diese Intelligenz muss jedoch immer in Kontakt mit anderen Intelligenzen bleiben. Und hier ist die dritte Tatsache, auf die Sie aufmerksam gemacht werden sollten. Sie würden das Komische kaum zu schätzen wissen, wenn Sie sich von anderen isoliert fühlten. Das Lachen scheint ein Echo zu brauchen. Hören Sie genau hin: Es ist kein artikulierter, klarer, wohldefinierter Klang; es ist etwas, das gerne verlängert werden würde, indem es von einem zum anderen nachhallt, etwas, das mit einem Krachen beginnt, um sich in aufeinanderfolgenden Grollen fortzusetzen, wie der Donner in einem Berg. Doch dieser Nachhall kann nicht ewig andauern. Es kann sich in einem so großen Kreis bewegen, wie Sie wollen: der Kreis bleibt trotzdem geschlossen. Unser Lachen ist immer das Lachen einer Gruppe. Vielleicht ist es Ihnen schon einmal passiert, dass Sie in einem Eisenbahnwagen oder an einem Table d'hôte saßen und Reisende einander Geschichten erzählten, die für sie komisch gewesen sein müssen, denn sie lachten herzlich. Wären Sie einer von ihnen gewesen, hätten Sie auch gelacht, aber da Sie es nicht waren, hatten Sie auch keine Lust dazu. Ein Mann, der einmal gefragt wurde, warum er bei einer Predigt nicht weinte, während alle anderen Tränen vergossen, antwortete: "Ich gehöre nicht zur Gemeinde!" Was dieser Mann über Tränen dachte, würde noch mehr auf das Lachen zutreffen. Wie spontan es auch erscheinen mag, Lachen impliziert immer eine Art geheime Freimaurerei oder sogar Komplizenschaft mit anderen Lachenden, ob real oder imaginär. Wie oft wurde schon gesagt, je voller das Theater, desto unkontrollierter das Lachen des Publikums! Wie oft wurde andererseits gesagt, dass sich viele komische Effekte nicht von einer Sprache in eine andere übersetzen lassen, weil sie sich auf die Sitten und Vorstellungen einer bestimmten sozialen Gruppe beziehen! Weil man die Bedeutung dieser doppelten Tatsache nicht verstanden hat, hat man das Komische als eine bloße Kuriosität betrachtet, an der sich der Verstand ergötzt, und das Lachen selbst als ein seltsames, isoliertes Phänomen, das keinen Bezug zum Rest der menschlichen Tätigkeit hat. Daher die Definitionen, die dazu tendieren, das Komische zu einer abstrakten Beziehung zwischen Ideen zu machen: "ein intellektueller Kontrast", "eine offensichtliche Absurdität" usw. - Definitionen, die, selbst wenn sie wirklich auf jede Form des Komischen zutreffen würden, nicht im Geringsten erklären würden, warum das Komische uns zum Lachen bringt. Wie kommt es nämlich, dass sich diese besondere logische Beziehung, sobald sie wahrgenommen wird, zusammenzieht, ausdehnt und unsere Glieder schüttelt, während alle anderen Beziehungen den Körper unberührt lassen? Es ist nicht der Standpunkt, von dem aus wir das Problem angehen wollen. Um das Lachen zu verstehen, müssen wir es in sein natürliches Umfeld zurückversetzen, das die Gesellschaft ist, und vor allem müssen wir den Nutzen seiner Funktion bestimmen, die eine soziale ist. Dies wird, wie wir gleich sagen werden, der Leitgedanke all unserer Untersuchungen sein. Das Lachen muss bestimmten Anforderungen des gemeinsamen Lebens entsprechen. Es muss eine SOZIALE Bedeutung haben.

Lassen Sie uns deutlich den Punkt markieren, auf den unsere drei Vorbemerkungen hinauslaufen. Das Komische entsteht, so scheint es, immer dann, wenn eine Gruppe von Menschen ihre Aufmerksamkeit auf einen von ihnen konzentriert, ihre Emotionen zum Schweigen bringt und nichts anderes als ihre Intelligenz ins Spiel bringt. Was ist nun der besondere Punkt, auf den sich ihre Aufmerksamkeit konzentrieren muss, und welche Funktion hat dabei die Intelligenz? Die Beantwortung dieser Fragen würde bedeuten, dass Sie sich dem Problem annähern. Doch dazu sind einige Beispiele unerlässlich.

II

Ein Mann, der die Straße entlangläuft, stolpert und fällt hin; die Passanten brechen in Gelächter aus. Sie würden ihn nicht auslachen, denke ich, wenn sie annehmen könnten, dass ihn plötzlich die Laune ergriffen hat, sich auf den Boden zu setzen. Sie lachen, weil er sich unfreiwillig hinsetzt.

Es ist also nicht seine plötzliche Veränderung der Haltung, die ein Lachen hervorruft, sondern vielmehr das unfreiwillige Element dieser Veränderung, nämlich seine Ungeschicklichkeit. Vielleicht lag ein Stein auf der Straße. Er hätte sein Tempo ändern oder dem Hindernis ausweichen müssen. Stattdes-

sen führten die Muskeln aufgrund mangelnder Elastizität, aufgrund von
Geistesabwesenheit und einer Art körperlichen Eigensinns, in der Tat als
Ergebnis der Steifigkeit oder des MOMENTUMs, weiterhin dieselbe Bewegung aus, obwohl die Umstände etwas anderes verlangten. Das ist der Grund
für den Sturz des Mannes und auch für das Gelächter der Leute.

Nehmen wir nun den Fall eines Menschen, der die kleinen Dinge des täglichen Lebens mit mathematischer Präzision erledigt. Die Gegenstände um
ihn herum sind jedoch alle von einem bösartigen Schelm manipuliert worden. Das Ergebnis ist, dass er, wenn er seine Feder in das Tintenfass taucht,
sie mit Schlamm bedeckt herauszieht, dass er, wenn er meint, er säße auf
einem festen Stuhl, sich auf dem Boden wälzt, mit einem Wort, seine Handlungen sind alle kopflastig oder ein reines Durcheinander, wobei in jedem
Fall ein Schwung entsteht. Die Gewohnheit hat den Anstoß gegeben: Es galt,
die Bewegung zu bremsen oder abzulenken. Er tat nichts dergleichen, sondern fuhr wie eine Maschine in derselben geraden Linie weiter. Das Opfer
eines Scherzes befindet sich also in einer ähnlichen Lage wie ein Läufer, der
stürzt - er ist aus demselben Grund komisch. Das lächerliche Element
besteht in beiden Fällen in einer gewissen MECHANISCHEN UNFÄHIG-
KEIT, genau dort, wo man die hellwache Anpassungsfähigkeit und die
lebendige Biegsamkeit eines Menschen erwarten würde. Der einzige Unterschied zwischen den beiden Fällen besteht darin, dass der erste Fall von
selbst eintrat, während der zweite Fall künstlich herbeigeführt wurde. Im ersten Fall schaut der Passant nur zu, im zweiten Fall mischt sich der boshafte
Schelm ein.

Dennoch wurde das Ergebnis in beiden Fällen durch einen äußeren
Umstand herbeigeführt. Das Komische ist also zufällig: Es bleibt sozusagen
in oberflächlicher Berührung mit der Person. Wie soll es ins Innere vordringen? Die notwendigen Bedingungen sind erfüllt, wenn die mechanische
Starrheit für ihre Manifestation nicht mehr ein Hindernis benötigt, das ihr
entweder durch die Zufälligkeit der Umstände oder durch menschliche
Knappheit in den Weg gelegt wird, sondern durch natürliche Prozesse aus
ihrem eigenen Vorrat eine unerschöpfliche Reihe von Gelegenheiten
gewinnt, um ihre Anwesenheit von außen zu offenbaren. Stellen wir uns also
einen Geist vor, der immer an das denkt, was er gerade getan hat, und nie an
das, was er gerade tut, wie ein Lied, das hinter seiner Begleitung zurück-
bleibt. Versuchen wir, uns einen gewissen angeborenen Mangel an Elastizität
sowohl der Sinne als auch der Intelligenz vorzustellen, der dazu führt, dass
wir weiterhin sehen, was nicht mehr sichtbar ist, hören, was nicht mehr hör-

bar ist, sagen, was nicht mehr auf den Punkt kommt: kurz gesagt, uns an eine vergangene und daher imaginäre Situation anpassen, während wir unser Verhalten gemäß der gegenwärtigen Realität gestalten sollten. Diesmal wird das Komische in der Person selbst wohnen; die Person ist es, die es mit allem versorgt - mit Materie und Form, mit Ursache und Gelegenheit. Ist es da verwunderlich, dass der geistesabwesende Mensch - denn das ist die Figur, die wir gerade beschrieben haben - die Phantasie der Comicautoren beflügelt hat? Als La Bruyere auf diesen speziellen Typus stieß, stellte er bei seiner Analyse fest, dass er ein Rezept für die Herstellung von komischen Effekten im großen Stil in Händen hielt. In der Tat hat er es übertrieben und Menalque viel zu ausführlich und detailliert beschrieben, wobei er immer wieder auf sein Thema zurückkam und es bis zum Äußersten ausdehnte. Schon die Leichtigkeit des Themas faszinierte ihn. Die Zerstreutheit ist vielleicht nicht die eigentliche Quelle des Komischen, aber sie ist sicherlich mit einem gewissen Strom von Fakten und Fantasien verbunden, der direkt von der Quelle ausgeht. Es befindet sich sozusagen an einer der großen natürlichen Wasserscheiden des Lachens.

Nun, die Wirkung der Zerstreutheit kann ihrerseits an Kraft gewinnen. Es gibt ein allgemeines Gesetz, dessen erstes Beispiel wir soeben kennengelernt haben und das wir wie folgt formulieren wollen: Wenn eine bestimmte komische Wirkung auf eine bestimmte Ursache zurückzuführen ist, dann werden wir die Wirkung umso komischer finden, je natürlicher wir die Ursache finden. Schon jetzt lachen wir über Geistesabwesenheit, wenn sie uns als einfache Tatsache präsentiert wird. Noch lächerlicher wird die Zerstreutheit sein, die wir vor unseren Augen entstehen und wachsen sehen, deren Ursprung wir kennen und deren Lebensgeschichte wir rekonstruieren können. Um ein konkretes Beispiel zu nennen: Nehmen wir an, ein Mann hat sich angewöhnt, nur noch Liebes- und Ritterromane zu lesen. Angezogen und fasziniert von seinen Helden, wenden sich seine Gedanken und Absichten mehr und mehr ihnen zu, bis wir ihn eines schönen Tages wie einen Schlafwandler unter uns wandeln sehen. Seine Handlungen sind Ablenkungen. Aber dann lassen sich seine Ablenkungen auf eine eindeutige, positive Ursache zurückführen. Es handelt sich nicht mehr um reine Geistesabwesenheit, sondern sie finden ihre Erklärung in der PRÄSENZ des Individuums in einer ganz bestimmten, wenn auch imaginären, Umgebung. Zweifellos ist ein Sturz immer ein Sturz, aber es ist eine Sache, in einen Brunnen zu stürzen, weil Sie irgendwo anders hinschauten als vor sich, es ist eine ganz andere Sache, in einen Brunnen zu fallen, weil Sie auf einen Stern konzentriert waren. Es war sicherlich ein Stern, auf den Don Quijote starrte. Wie

tief ist das komische Element in der überromantischen, utopischen Gesin-
nung! Und doch, wenn Sie die Idee der Zerstreutheit wieder einführen, die
als Vermittler fungiert, werden Sie sehen, wie sich dieses tiefgründige komische Element mit der oberflächlichsten Art vereint. Ja, in der Tat, diese skur-
rilen, wilden Enthusiasten, diese Verrückten, die doch so seltsam vernünftig
sind, regen uns zum Lachen an, indem sie auf denselben Akkorden in uns
selbst spielen, indem sie denselben inneren Mechanismus in Gang setzen,
wie das Opfer eines Streichs oder der Passant, der auf der Straße ausrutscht.
Auch sie sind Läufer, die stürzen, und einfache Seelen, die verarscht werden
- Läufer, die dem Ideal hinterherlaufen und über die Realität stolpern, kindliche Träumer, denen das Leben gerne auflauert. Vor allem aber sind sie Meis-
ter der Zerstreutheit, die ihren Mitmenschen dadurch überlegen ist, dass ihre
Zerstreutheit systematisch und um eine zentrale Idee herum organisiert ist
und dass ihre Missgeschicke dank der unerbittlichen Logik, die die Realität
bei der Korrektur von Träumen anwendet, auch recht kohärent sind, so dass
sie in ihrer Umgebung durch eine Reihe von kumulativen Effekten eine Heiterkeit entfachen, die sich unbegrenzt ausbreiten kann.

Lassen Sie uns noch ein wenig weiter gehen. Könnten nicht bestimmte
Laster die gleiche Beziehung zum Charakter haben wie die Starrheit einer
fixen Idee zum Intellekt? Ob es sich um einen moralischen Knick oder eine
krumme Drehung des Willens handelt, das Laster hat oft den Anschein einer
Krümmung der Seele. Zweifellos gibt es Laster, in die sich die Seele mit all
ihrer schwangeren Potenz vertieft, die sie verjüngt und mit sich in einen
beweglichen Kreis von Reinkarnationen zieht. Das sind tragische Laster.
Aber das Laster, das uns komisch machen kann, ist im Gegenteil dasjenige,
das von außen kommt, wie ein vorgefertigter Rahmen, in den wir hineintre-
ten sollen. Es leiht uns seine eigene Starrheit, anstatt sich von uns unsere
Flexibilität zu leihen. Wir machen es nicht komplizierter, sondern im Gegenteil, es vereinfacht uns. Hier liegt, wie wir später im abschließenden Teil dieser Studie sehen werden, der wesentliche Unterschied zwischen Komödie
und Drama. Ein Drama, selbst wenn es Leidenschaften oder Laster darstellt,
die einen Namen tragen, nimmt sie so vollständig in die Person auf, dass ihre
Namen vergessen werden, ihre allgemeinen Eigenschaften ausgelöscht werden und wir nicht mehr an sie denken, sondern an die Person, in der sie assi-
miliert sind. Andererseits haben viele Komödien ein allgemeines Substantiv
als Titel: l'Avare, le Joueur, usw. Wenn Sie an ein Stück denken, das le
Jaloux heißen könnte, würden Sie zum Beispiel an Sganarelle oder George
Dandin denken, aber nicht an Othello: le Jaloux kann nur der Titel einer

Komödie sein. Der Grund dafür ist, dass das Laster, so eng es auch mit Personen verbunden ist, wenn es komisch ist, dennoch seine einfache, unabhängige Existenz behält, es bleibt die zentrale, wenn auch unsichtbare Figur, mit der die Figuren aus Fleisch und Blut auf der Bühne verbunden sind. Manchmal macht es sich einen Spaß daraus, sie mit seinem eigenen Gewicht herunterzuziehen und sie an seinen Stürzen teilhaben zu lassen. Häufiger jedoch spielt er auf ihnen wie auf einem Instrument oder zieht an den Fäden, als wären sie Marionetten. Schauen Sie genau hin: Sie werden feststellen, dass die Kunst des Komödiendichters darin besteht, uns mit dem jeweiligen Laster so gut vertraut zu machen, uns, die Zuschauer, in einen solchen Grad der Intimität mit ihm einzuführen, dass wir am Ende einige der Fäden der Marionette, mit der er spielt, in die Hand nehmen und sie tatsächlich selbst bedienen; das ist es, was einen Teil des Vergnügens erklärt, das wir empfinden. Auch hier ist es wirklich eine Art Automatismus, der uns zum Lachen bringt - ein Automatismus, der, wie wir bereits bemerkt haben, der bloßen Zerstreutheit sehr ähnlich ist. Um dies besser zu verstehen, genügt es, darauf hinzuweisen, dass eine komische Figur im Allgemeinen in dem Maße komisch ist, wie sie sich selbst nicht kennt. Die komische Person ist sich ihrer selbst nicht bewusst. Als würde er den Ring des Gyges mit umgekehrter Wirkung tragen, wird er für sich selbst unsichtbar, während er für die ganze Welt sichtbar bleibt. Eine Figur in einer Tragödie wird ihr Verhalten nicht ändern, weil sie weiß, wie es von uns beurteilt wird; sie kann so weitermachen, obwohl sie sich ihrer selbst voll bewusst ist und das Entsetzen, das sie in uns auslöst, sehr stark spürt. Aber ein Fehler, der lächerlich ist, wird, sobald er sich als solcher empfindet, versuchen, sich zu ändern oder zumindest so zu erscheinen, als ob er es wäre. Wenn Harpagon sehen würde, dass wir über seinen Geiz lachen, würde er ihn zwar nicht loswerden, aber er würde ihn entweder weniger oder anders zeigen. In der Tat ist es nur in diesem Sinne, dass das Lachen "die Manieren der Menschen korrigiert". Es lässt uns sofort danach streben, so zu erscheinen, wie wir sein sollten, wie wir vielleicht eines Tages sein werden.

Es ist unnötig, diese Analyse noch weiter auszuführen. Vom Läufer, der stürzt, zum Einfaltspinsel, der verarscht wird, vom Zustand des Verarschtwerdens zum Zustand der Zerstreutheit, von der Zerstreutheit zum wilden Enthusiasmus, vom wilden Enthusiasmus zu verschiedenen Entstellungen des Charakters und des Willens, haben wir den Weg verfolgt, auf dem sich das Komische immer tiefer in die Person eingräbt, ohne jedoch in seinen subtileren Erscheinungsformen aufzuhören, uns an eine Spur dessen zu erinnern, was wir in seinen gröberen Formen bemerkt haben, eine Wirkung des

Automatismus und der Unelastizität. Jetzt können wir einen ersten Blick auf die lächerliche Seite der menschlichen Natur und die gewöhnliche Funktion des Lachens erhaschen - einen entfernten, wenn auch noch verschwommenen und verwirrenden Blick.

Was das Leben und die Gesellschaft von jedem von uns verlangen, ist eine ständig wachsame Aufmerksamkeit, die die Umrisse der gegenwärtigen Situation erkennt, zusammen mit einer gewissen Elastizität des Geistes und des Körpers, die es uns ermöglicht, uns dementsprechend anzupassen. SPANNUNG und ELASTIZITÄT sind zwei Kräfte, die sich gegenseitig ergänzen und die das Leben ins Spiel bringt. Wenn es dem Körper an diesen beiden Kräften in nennenswertem Umfang mangelt, haben wir Krankheiten, Gebrechen und Unfälle jeglicher Art. Wenn sie im Geist fehlen, finden wir jeden Grad von geistiger Unzulänglichkeit, jede Art von Geisteskrankheit. Wenn sie schließlich im Charakter fehlen, haben wir Fälle von schwerster Untauglichkeit für das soziale Leben, die die Quelle des Elends und manchmal auch die Ursache von Verbrechen sind. Sobald diese Elemente der Minderwertigkeit, die die ernste Seite der Existenz betreffen, beseitigt sind - und sie neigen dazu, sich in dem, was als Kampf um das Leben bezeichnet wurde, selbst zu eliminieren - kann der Mensch leben, und zwar gemeinsam mit anderen Menschen. Aber die Gesellschaft verlangt mehr; sie gibt sich nicht damit zufrieden, einfach nur zu leben, sie besteht darauf, gut zu leben. Sie muss nun befürchten, dass jeder von uns, der sich damit begnügt, auf das zu achten, was das Wesentliche im Leben betrifft, im Übrigen dem leichten Automatismus anerzogener Gewohnheiten nachgibt. Außerdem muss sie befürchten, dass die Mitglieder, aus denen sie sich zusammensetzt, anstatt eine immer feinere Anpassung des Willens anzustreben, die sich immer perfekter ineinander fügt, sich darauf beschränken, lediglich die grundlegenden Bedingungen dieser Anpassung zu respektieren: eine trockene Übereinkunft zwischen den Personen wird sie nicht zufriedenstellen, sie besteht auf einem ständigen Streben nach gegenseitiger Anpassung. Die Gesellschaft wird daher misstrauisch sein gegenüber jeglicher INELASTIZITÄT des Charakters, des Geistes und sogar des Körpers, denn es ist das mögliche Zeichen einer schlummernden Aktivität sowie einer Aktivität mit separatistischen Tendenzen, die dazu neigt, vom gemeinsamen Zentrum, um das die Gesellschaft gravitiert, abzuweichen: kurz gesagt, weil es das Zeichen einer Exzentrizität ist. Und dennoch kann die Gesellschaft in diesem Stadium nicht durch materielle Repression eingreifen, da sie nicht materiell betroffen ist. Sie wird mit etwas konfrontiert, das sie beunruhigt, aber nur als Symptom -

kaum als Bedrohung, höchstens als Geste. Eine Geste wird also seine Antwort sein. Das Lachen muss etwas in dieser Art sein, eine Art SOZIALE GESTURE. Durch die Angst, die es auslöst, zügelt es die Exzentrizität, hält bestimmte Aktivitäten einer nebensächlichen Ordnung, die sich in ihre Schale zurückziehen und einschlafen könnten, ständig wach und in gegenseitigem Kontakt und weicht, kurz gesagt, alles auf, was die Oberfläche des sozialen Körpers an mechanischer Unelastizität bewahren mag. Das Lachen gehört also nicht allein in den Bereich der Ästhetik, denn es verfolgt unbewusst (und in vielen besonderen Fällen sogar unmoralisch) ein utilitaristisches Ziel der allgemeinen Verbesserung. Und doch hat es etwas Ästhetisches an sich, denn das Komische entsteht gerade dann, wenn die Gesellschaft und der Einzelne, befreit von der Sorge um die Selbsterhaltung, beginnen, sich als Kunstwerke zu betrachten. Mit einem Wort, wenn man einen Kreis um jene Handlungen und Neigungen zieht, die im individuellen oder gesellschaftlichen Leben anfallen und deren natürliche Folgen ihre eigenen Strafen nach sich ziehen, bleibt außerhalb dieser Sphäre der Emotionen und des Kampfes - und innerhalb einer neutralen Zone, in der sich der Mensch einfach der Neugier des Menschen aussetzt - eine gewisse Starrheit von Körper, Geist und Charakter, die die Gesellschaft noch immer gerne loswerden würde, um von ihren Mitgliedern ein größtmögliches Maß an Elastizität und Geselligkeit zu erhalten. Diese Starrheit ist das Komische, und das Lachen ist sein Korrektiv.

Dennoch dürfen wir diese Formel nicht als Definition des Komischen akzeptieren. Sie eignet sich nur für Fälle, die elementar, theoretisch und perfekt sind, in denen das Komische frei von jeder Verfälschung ist. Wir bieten es auch nicht als Erklärung an. Wir ziehen es vor, es, wenn Sie so wollen, zum Leitmotiv zu machen, das alle unsere Erklärungen begleiten soll. Wir müssen es immer im Hinterkopf behalten, ohne uns zu sehr damit zu beschäftigen, so wie ein geschickter Fechter an die diskontinuierlichen Bewegungen der Lektion denken muss, während sein Körper der Kontinuität des Fechtkampfes gewidmet ist. Wir werden uns nun bemühen, die Abfolge der komischen Formen zu rekonstruieren, indem wir den Faden wieder aufnehmen, der vom Possenspiel eines Clowns bis zu den raffiniertesten Effekten der Komödie führt, diesem Faden in seinen oft unvorhergesehenen Windungen folgen, zwischendurch innehalten, um uns umzusehen, und schließlich, wenn möglich, zu dem Punkt zurückkehren, an dem der Faden baumelt und an dem wir vielleicht - da die Komik zwischen Leben und Kunst oszilliert - die allgemeine Beziehung der Kunst zum Leben finden werden.

III

Beginnen wir mit dem einfachsten Punkt. Was ist eine komische Physiognomie? Woher kommt der lächerliche Ausdruck des Gesichts? Und was ist in diesem Fall der Unterschied zwischen dem Komischen und dem Hässlichen? So formuliert, kann die Frage kaum anders als willkürlich beantwortet werden. Auch wenn sie einfach erscheint, ist sie doch zu subtil, als dass man sie direkt beantworten könnte. Wir müssten mit einer Definition von Hässlichkeit beginnen und dann herausfinden, was der Comic dazu beiträgt. Nun ist Hässlichkeit nicht viel einfacher zu analysieren als Schönheit. Wir werden uns jedoch eines Kunstgriffs bedienen, der uns oft von Nutzen sein wird. Wir werden das Problem sozusagen übertreiben, indem wir die Wirkung so weit vergrößern, dass die Ursache sichtbar wird. Nehmen wir also an, wir verstärken die Hässlichkeit bis hin zur Deformierung und untersuchen den Übergang vom Deformierten zum Lächerlichen.

Bestimmte Missbildungen haben zweifellos gegenüber anderen das traurige Privileg, manche Menschen zum Lachen zu bringen; einige Bucklige zum Beispiel regen zum Lachen an. Ohne an dieser Stelle in unnötige Details einzusteigen, werden wir den Leser einfach bitten, an eine Reihe von Missbildungen zu denken und sie dann in zwei Gruppen zu unterteilen: einerseits diejenigen, die die Natur ins Lächerliche gelenkt hat, und andererseits diejenigen, die absolut davon abweichen. Zweifellos wird er auf das folgende Gesetz stoßen: Eine Missbildung, die komisch werden kann, ist eine Missbildung, die ein normal gebauter Mensch erfolgreich imitieren könnte.

Ist es also nicht so, dass der Bucklige das Aussehen eines Menschen suggeriert, der sich schlecht hält? Sein Rücken scheint eine hässliche Biegung zu haben. Durch eine Art physischen Eigensinn, durch Starrheit, kurz gesagt, verharrt er in der Gewohnheit, die er sich angeeignet hat. Versuchen Sie, nur mit Ihren Augen zu sehen. Vermeiden Sie das Nachdenken, und vor allem, denken Sie nicht nach. Geben Sie alle Vorurteile auf und versuchen Sie, einen frischen, direkten und primitiven Eindruck zu gewinnen. Die Vision, die Sie wiedererlangen werden, wird von dieser Art sein. Sie werden einen Mann vor sich haben, der darauf bedacht ist, eine bestimmte starre Haltung zu kultivieren - dessen Körper, wenn man so sagen darf, ein einziges Grinsen ist.

Lassen Sie uns nun zu dem Punkt zurückkehren, den wir klären wollten. Indem wir eine lächerliche Entstellung abmildern, sollten wir eine Hässlichkeit erreichen, die komisch ist. Ein lächerlicher Gesichtsausdruck ist also einer, der uns an etwas Starres und sozusagen Geronnenes in der gewohnten Beweglichkeit des Gesichts denken lässt. Was wir sehen werden, ist ein tief verwurzeltes Zucken oder eine starre Grimasse. Man könnte einwenden, dass jeder gewohnte Gesichtsausdruck, selbst wenn er anmutig und schön ist, uns den gleichen Eindruck von etwas Stereotypem vermittelt? Hier muss eine wichtige Unterscheidung getroffen werden. Wenn wir von ausdrucksstarker Schönheit oder sogar ausdrucksstarker Hässlichkeit sprechen, wenn wir sagen, dass ein Gesicht einen Ausdruck besitzt, meinen wir einen Ausdruck, der zwar stabil ist, von dem wir aber annehmen, dass er beweglich ist. Es bewahrt inmitten seiner Festigkeit eine gewisse Unbestimmtheit, in der sich alle möglichen Schattierungen des Gemütszustandes, den es ausdrückt, undeutlich abzeichnen, so wie sich das sonnige Versprechen eines warmen Tages im Dunst eines Frühlingsmorgens manifestiert. Aber ein komischer Gesichtsausdruck ist einer, der nicht mehr verspricht als er gibt. Es ist eine einzigartige und dauerhafte Grimasse. Man könnte sagen, dass sich das gesamte moralische Leben der Person in diesem besonderen Gesichtsausdruck kristallisiert hat. Das ist der Grund, warum ein Gesicht umso komischer ist, je mehr es uns die Vorstellung einer einfachen mechanischen Handlung suggeriert, in der seine Persönlichkeit für immer aufgeht. Manche Gesichter scheinen ständig mit Weinen beschäftigt zu sein, andere mit Lachen oder Pfeifen, wieder andere mit dem ewigen Blasen einer imaginären Trompete, und das sind die komischsten Gesichter von allen. Hier zeigt sich wieder einmal das Gesetz, nach dem die Wirkung umso komischer ist, je natürlicher die Erklärung der Ursache ist. Automatismus, Unnachgiebigkeit, Gewohnheit, die man sich angewöhnt und beibehalten hat, sind eindeutig die Ursachen, warum ein Gesicht uns zum Lachen bringt. Aber dieser Effekt gewinnt an Intensität, wenn wir diese Eigenschaften mit einer tief sitzenden Ursache in Verbindung bringen können, einer gewissen grundlegenden Zerstreutheit, als hätte sich die Seele von der Materialität einer einfachen Handlung faszinieren und hypnotisieren lassen.

Jetzt werden wir das komische Element der Karikatur verstehen. Wie gleichmäßig wir uns ein Gesicht auch vorstellen mögen, wie harmonisch seine Linien und wie geschmeidig seine Bewegungen auch sein mögen, ihre Anpassung ist nie ganz perfekt: Es wird immer die Anzeichen einer bevorstehenden Verzerrung geben, die vage Andeutung einer möglichen Grimasse, kurzum eine Lieblingsverzerrung, zu der die Natur besonders geneigt zu sein scheint. Die Kunst des Karikaturisten besteht darin, diese manchmal unmerkliche Tendenz aufzuspüren und sie für alle Augen sichtbar zu

machen, indem er sie vergrößert. Er lässt seine Modelle Grimassen schnei-
den, wie sie es selbst tun würden, wenn sie am Ende ihrer Kräfte wären.
Unter der oberflächlichen Harmonie der Form erahnt er die tief sitzende
Widerspenstigkeit der Materie. Er erkennt Missverhältnisse und Verformun-
gen, die in der Natur als bloße Neigungen vorhanden sein müssen, die sich
aber nicht durchsetzen konnten, weil sie von einer höheren Kraft in Schach
gehalten werden. Seine Kunst, die einen Hauch des Diabolischen hat,
erweckt den Dämon, der vom Engel gestürzt wurde. Gewiss, es ist eine
Kunst, die übertreibt, und doch wäre die Definition bei weitem nicht vollständig, wenn die Übertreibung allein ihr Ziel und Zweck wäre, denn es gibt
Karikaturen, die lebensechter sind als Porträts, Karikaturen, bei denen die
Übertreibung kaum auffällt, während es umgekehrt durchaus möglich ist, bis
zum Exzess zu übertreiben, ohne eine echte Karikatur zu erhalten. Damit die
Übertreibung komisch ist, darf sie nicht als Ziel erscheinen, sondern vielmehr als ein Mittel, das der Künstler einsetzt, um die Verzerrungen, die er im
Keim sieht, für unsere Augen sichtbar zu machen. Es ist dieser Prozess der
Verzerrung, der von Bedeutung und Interesse ist. Und genau deshalb werden
wir ihn auch in den Elementen des Gesichts suchen, die sich nicht bewegen
können, in der Kurve einer Nase oder in der Form eines Ohrs. Denn in unseren Augen ist die Form immer der Umriss einer Bewegung. Der Karikaturist,
der die Größe einer Nase verändert, aber ihren Grundriss respektiert, indem
er sie zum Beispiel genau in die Richtung verlängert, in die sie von Natur
aus verlängert wurde, bringt die Nase tatsächlich dazu, zu grinsen. Von nun
an werden wir das Original immer so betrachten, als hätte es beschlossen,
sich zu verlängern und zu grinsen. In diesem Sinne könnte man sagen, dass
die Natur selbst oft die Erfolge eines Karikaturisten hat. Mit der Bewegung,
mit der sie den Mund aufgeschlitzt, das Kinn gekürzt und die Wange ausge-
beult hat, scheint es ihr gelungen zu sein, die beabsichtigte Grimasse zu voll-
enden und so die Kontrolle einer vernünftigeren Kraft zu überlisten. In diesem Fall ist das Gesicht, über das wir lachen, gewissermaßen seine eigene
Karikatur.

Zusammenfassend lässt sich sagen, dass unsere Vorstellungskraft, unabhängig von der Lehre, der unsere Vernunft zustimmt, eine sehr klare eigene
Philosophie hat: Sie sieht in jeder menschlichen Gestalt die Anstrengung
einer Seele, die die Materie formt, einer Seele, die unendlich geschmeidig
und ständig in Bewegung ist und keinem Gesetz der Schwerkraft unterliegt,
denn es ist nicht die Erde, die sie anzieht. Diese Seele überträgt einen Teil
ihrer geflügelten Leichtigkeit auf den Körper, den sie belebt: die Immateria-

lität, die auf diese Weise in die Materie übergeht, wird Anmut genannt. Die Materie ist jedoch hartnäckig und widersetzt sich. Sie zieht die immerwährende Aktivität dieses höheren Prinzips an sich, würde es gerne in ihre eigene Trägheit verwandeln und in bloßen Automatismus zurückfallen lassen. Sie würde gerne die intelligent variierten Bewegungen des Körpers in stupide verkrampfte Furchen pressen, die flüchtigen Gesichtsausdrücke in permanente Grimassen stereotypisieren, kurz gesagt, dem ganzen Menschen eine Haltung aufprägen, die ihn in der Materialität einer mechanischen Beschäftigung versunken und absorbiert erscheinen lässt, anstatt seine Vitalität unaufhörlich zu erneuern, indem er mit einem lebendigen Ideal in Kontakt bleibt. Wenn es der Materie auf diese Weise gelingt, das äußere Leben der Seele abzustumpfen, ihre Bewegungen zu versteinern und ihre Anmut zu vereiteln, erzielt sie auf Kosten des Körpers eine komische Wirkung. Wenn wir also an dieser Stelle das Komische durch einen Vergleich mit seinem Gegenteil definieren wollten, müssten wir es noch mehr der Anmut als der Schönheit gegenüberstellen. Es hat eher etwas mit dem Unanständigen als mit dem Unansehnlichen zu tun, eher mit der RICHTIGKEIT als mit der Unansehnlichkeit.

IV

Wir gehen nun von dem komischen Element in den FORMEN zu dem in den GESTUREN und BEWEGUNGEN über. Lassen Sie uns gleich das Gesetz nennen, das für alle Phänomene dieser Art zu gelten scheint. Es lässt sich in der Tat ohne Schwierigkeiten aus den oben genannten Überlegungen ableiten. DIE HALTUNGEN, GESTEN UND BEWEGUNGEN DES MENSCHLICHEN KÖRPERS SIND IN DEM MASSE LÄCHERLICH, WIE ER UNS AN EINE BLOSSE MASCHINE ERINNERT. Es ist nicht nötig, diesem Gesetz in den Details seiner unmittelbaren Anwendungen zu folgen, die zahllos sind. Um es direkt zu verifizieren, würde es genügen, die Arbeit von Comiczeichnern genau zu studieren, wobei das Element der Karikatur vollständig eliminiert und der Teil des Komischen, der nicht in der Zeichnung selbst enthalten ist, weggelassen wird. Denn natürlich ist das komische Element in einer Zeichnung oft ein geliehenes Element, für das der Text das gesamte Handwerkszeug liefert. Ich meine damit, dass der Künstler seine eigene Zweitbesetzung in Form eines Satirikers oder sogar eines Dramatikers sein kann und dass wir dann weit weniger über die Zeichnungen selbst lachen als über die Satire oder die komische Begebenheit, die sie darstellen. Aber wenn wir unsere ganze Aufmerksamkeit auf die Zeichnung richten, mit dem festen Vorsatz, an nichts anderes zu denken, werden wir wahrscheinlich feststellen, dass sie im Allgemeinen im Verhältnis zu der Klarheit und der Subtilität komisch ist, mit der sie es uns ermöglicht, einen Menschen als gelenkige Marionette zu sehen. Die Suggestion muss klar sein, denn im Inneren der Person müssen wir deutlich, wie durch ein Glas, einen aufgestellten Mechanismus erkennen. Aber die Suggestion muss auch subtil sein, denn die allgemeine Erscheinung der Person, deren jedes Glied wie eine Maschine starr gemacht wurde, muss uns weiterhin den Eindruck eines lebendigen Wesens vermitteln. Je genauer diese beiden Bilder, das einer Person und das einer Maschine, aufeinander abgestimmt sind, desto eindrucksvoller ist der komische Effekt und desto vollendeter ist die Kunst des Zeichners. Die Originalität eines Comiczeichners zeigt sich also in der besonderen Art von Leben, die er einer bloßen Marionette verleiht.

Wir werden jedoch die unmittelbare Anwendung des Prinzips beiseite lassen und an dieser Stelle nur auf die weiter entfernten Folgen eingehen. Die Illusion einer Maschine, die im Inneren des Menschen arbeitet, taucht nur inmitten einer Vielzahl von amüsanten Effekten auf, aber meistens ist es ein flüchtiger Eindruck, der sich sofort in dem Gelächter verliert, das er hervorruft. Um es dauerhaft zu machen, müssen Analyse und Reflexion ins Spiel gebracht werden.

Bei einem öffentlichen Redner zum Beispiel konkurriert die Gestik mit der Sprache. Eifersüchtig auf letztere, folgt die Geste den Gedanken des Redners und verlangt, auch als Dolmetscher zu fungieren. Schön und gut, aber dann muss sie sich verpflichten, dem Gedanken durch alle Phasen seiner Entwicklung zu folgen. Eine Idee ist etwas, das vom Anfang bis zum Ende einer Rede wächst, knospt, blüht und reift. Sie bleibt nie stehen, wiederholt sich nie. Es muss sich jeden Moment verändern, denn sich nicht mehr zu verändern, hieße, nicht mehr zu leben. Dann lassen Sie die Geste eine ähnliche Lebendigkeit an den Tag legen! Lassen Sie sie das Grundgesetz des Lebens akzeptieren, das die völlige Verneinung von Wiederholungen ist! Aber ich stelle fest, dass eine bestimmte Bewegung des Kopfes oder des Arms, eine Bewegung, die immer gleich ist, in regelmäßigen Abständen wiederzukehren scheint. Wenn ich sie bemerke und es mir gelingt, meine Aufmerksamkeit abzulenken, wenn ich darauf warte und sie auftritt, wenn ich sie erwarte, dann lache ich unwillkürlich. Und warum? Weil ich jetzt eine Maschine vor mir habe, die automatisch funktioniert. Das ist nicht mehr das Leben, es ist ein Automatismus, der sich im Leben etabliert hat und es imitiert. Es gehört zum Komischen.

Das ist auch der Grund, warum Gesten, über die wir nie zu lachen gedacht hätten, lächerlich werden, wenn sie von einem anderen Menschen imitiert werden. Für diese äußerst einfache Tatsache gibt es die ausgeklügeltsten Erklärungen. Ein wenig Nachdenken wird jedoch zeigen, dass sich unser geistiger Zustand ständig verändert und dass unsere Gesten, wenn sie diesen inneren Bewegungen getreu folgen würden, wenn sie so lebendig wären wie wir, sich niemals wiederholen würden und so die Nachahmung in Schach halten würden. Wir werden also erst dann imitierbar, wenn wir aufhören, wir selbst zu sein. Ich meine damit, dass unsere Gesten nur in ihrer mechanischen Gleichförmigkeit nachgeahmt werden können, und damit genau in dem, was unserer lebendigen Persönlichkeit fremd ist. Jemanden zu imitieren bedeutet, das Element des Automatismus hervorzuheben, das sich in seine Person eingeschlichen hat. Und da dies das Wesen des Lächerlichen ist, ist es nicht verwunderlich, dass die Nachahmung zum Lachen anregt.

Doch wenn die Nachahmung von Gesten an sich schon lächerlich ist, wird sie es noch mehr, wenn sie sich damit beschäftigt, sie, ohne ihre Form zu verändern, auf eine mechanische Tätigkeit zu übertragen, wie das Sägen von Holz, das Schlagen auf einen Amboss oder das Ziehen an einem imaginären Glockenseil. Nicht, dass Vulgarität das Wesen des Komischen ist - obwohl sie sicherlich bis zu einem gewissen Grad ein Bestandteil ist -, sondern vielmehr, dass die inkriminierte Geste offenkundig mechanischer erscheint, wenn sie mit einer einfachen Tätigkeit in Verbindung gebracht werden kann, so als ob sie absichtlich mechanisch wäre. Diese mechanische Interpretation zu suggerieren, dürfte eines der beliebtesten Mittel der Parodie sein. Wir sind durch Schlussfolgerung zu diesem Ergebnis gekommen, aber ich kann mir vorstellen, dass Clowns schon lange eine Intuition für diese Tatsache haben.

Dies scheint mir die Lösung des kleinen Rätsels zu sein, das Pascal in einer Passage seiner Gedanken aufgeworfen hat: "Zwei gleiche Gesichter, obwohl keines von ihnen für sich allein ein Lachen hervorruft, bringen uns zum Lachen, wenn sie zusammen sind, weil sie sich ähneln." Man könnte es genauso gut sagen: "Die Gesten eines öffentlichen Redners, von denen keine für sich allein lachhaft ist, regen durch ihre Wiederholung zum Lachen an." Die Wahrheit ist, dass ein wirklich lebendiges Leben sich niemals wiederholen sollte. Wo immer es eine Wiederholung oder völlige Ähnlichkeit gibt, vermuten wir immer einen Mechanismus hinter dem Leben. Analysieren Sie den Eindruck, den zwei zu ähnliche Gesichter auf Sie machen, und Sie werden feststellen, dass Sie an zwei Kopien denken, die in derselben Form gegossen wurden, oder an zwei Abdrücke desselben Siegels, oder an zwei

Reproduktionen desselben Negativs, mit einem Wort, an einen Herstellungsprozess oder etwas anderes. Diese Ablenkung des Lebens auf das Mechanische ist hier die eigentliche Ursache des Lachens.

Und das Lachen wird noch ausgeprägter sein, wenn wir auf der Bühne nicht nur zwei Figuren finden, wie im Beispiel von Pascal, sondern mehrere, nein, so viele wie möglich, die sich gegenseitig abbilden, die zusammen kommen und gehen, tanzen und gestikulieren, gleichzeitig die gleiche Haltung einnehmen und ihre Arme auf die gleiche Art und Weise herumwerfen. Dieses Mal denken wir eindeutig an Marionetten. Unsichtbare Fäden scheinen die Arme mit den Armen, die Beine mit den Beinen, die Muskeln des einen Gesichts mit denen des anderen zu verbinden: Durch die absolute Gleichförmigkeit, die hier herrscht, scheint die Geschmeidigkeit der Körper beim Betrachten zu erstarren, und die Schauspieler selbst scheinen sich in Automaten zu verwandeln. Zumindest scheint dies der Trick zu sein, der dieser etwas offensichtlichen Form der Unterhaltung zugrunde liegt. Ich wage zu behaupten, dass die Darsteller Pascal nie gelesen haben, aber was sie tun, ist lediglich, die in Pascals Worten enthaltenen Anregungen in vollem Umfang umzusetzen. Wenn, was zweifellos der Fall ist, das Lachen im zweiten Fall durch die Halluzination eines mechanischen Effekts hervorgerufen wird, muss es bereits im ersten Fall so gewesen sein, wenn auch auf subtilere Weise.

Wenn wir diesen Weg weiterverfolgen, erkennen wir schwach die immer wichtigeren und weitreichenderen Konsequenzen des Gesetzes, das wir gerade erklärt haben. Wir erhaschen noch flüchtigere Einblicke in mechanische Effekte, Einblicke, die durch die komplexen Handlungen des Menschen suggeriert werden, nicht mehr nur durch seine Gesten. Wir spüren instinktiv, dass die üblichen Mittel der Komödie, die periodische Wiederholung eines Wortes oder einer Szene, die systematische Umkehrung der Rollen, die geometrische Entwicklung eines absurden Missverständnisses und viele andere bühnentechnische Kunstgriffe ihre komische Kraft aus der gleichen Quelle beziehen müssen - die Kunst des Dramatikers besteht wahrscheinlich darin, uns eine offensichtliche uhrwerkartige Anordnung menschlicher Ereignisse vor Augen zu führen, während er sorgfältig ein äußeres Erscheinungsbild der Wahrscheinlichkeit bewahrt und dadurch etwas von der Geschmeidigkeit des Lebens bewahrt. Aber wir dürfen den Ergebnissen nicht vorgreifen, die wir im Laufe unserer Analyse gebührend enthüllen werden.

V

Bevor wir weitergehen, sollten wir einen Moment innehalten und uns umsehen. Wie wir bereits zu Beginn dieser Studie angedeutet haben, wäre es müßig zu versuchen, jeden komischen Effekt aus einer einfachen Formel abzuleiten. Die Formel gibt es in gewissem Sinne schon, aber ihre Entwicklung verläuft nicht geradlinig. Was ich meine, ist, dass der Prozess der Schlussfolgerung von Zeit zu Zeit innehalten sollte, um bestimmte kulminierende Effekte zu studieren, und dass diese Effekte jeweils als Modelle erscheinen, um die herum neue Effekte, die ihnen ähneln, ihren Platz in einem Kreis einnehmen. Diese letzteren sind keine Schlussfolgerungen aus der Formel, sondern sie sind komisch durch ihre Beziehung zu denen, die es sind. Um noch einmal Pascal zu zitieren, sehe ich keine Einwände, den Prozess durch die Kurve zu definieren, die dieser Geometriker unter dem Namen Roulette oder Zykloide untersucht hat: die Kurve, die von einem Punkt auf dem Umfang eines Rades gezogen wird, wenn sich der Wagen in einer geraden Linie bewegt: Dieser Punkt dreht sich wie das Rad, obwohl er sich wie der Wagen bewegt. Oder stellen Sie sich eine riesige Allee vor, wie sie im Wald von Fontainebleau zu sehen ist, mit Kreuzen in regelmäßigen Abständen, um die Kreuzungen zu kennzeichnen: An jeder dieser Kreuzungen gehen wir um das Kreuz herum, erkunden eine Weile die Wege, die sich vor uns auftun, und kehren dann auf unseren ursprünglichen Weg zurück. Wir haben soeben eine dieser mentalen Kreuzungen erreicht. Etwas Mechanisches, das auf dem Lebendigen verkrustet ist, wird ein Kreuz darstellen, an dem wir anhalten müssen, ein zentrales Bild, von dem aus die Phantasie in verschiedene Richtungen abzweigt. Was sind diese Richtungen? Es scheinen drei Hauptrichtungen zu sein. Wir werden sie der Reihe nach verfolgen und dann unseren Weg fortsetzen.

1. Erstens neigen wir bei dieser Betrachtung des Mechanischen und des Lebendigen, die ineinander übergehen, zu der vagen Vorstellung, dass die Beweglichkeit des Lebens durch irgendeine Art von Starrheit oder Ähnlichem beeinflusst wird, und versuchen so, den Linien des Lebens zu folgen und seine Geschmeidigkeit zu fälschen. Hier erkennen wir, wie leicht es ist, ein Kleidungsstück lächerlich zu machen. Man könnte fast sagen, dass jede Mode in irgendeiner Hinsicht lächerlich ist. Nur, wenn es sich um die Mode des Tages handelt, sind wir so sehr daran gewöhnt, dass das Kleidungsstück in unserer Vorstellung mit der Person, die es trägt, eins zu werden scheint. In der Vorstellung trennen wir sie nicht. Es kommt uns nicht mehr in den Sinn, die träge Starrheit der Hülle mit der lebendigen Geschmeidigkeit des

bedeckten Objekts zu kontrastieren: Folglich bleibt die Komik hier in einer latenten Kondition. Es wird nur dann zum Vorschein kommen, wenn die natürliche Unvereinbarkeit zwischen dem Bedeckten und dem Bedeckten so tief sitzt, dass selbst eine uralte Assoziation diese Gewerkschaft nicht zementieren kann: ein Beispiel dafür ist unser Kopf und unser Zylinder. Nehmen wir an, ein exzentrisches Individuum kleidet sich nach der Mode früherer Zeiten: Unsere Aufmerksamkeit wird sofort auf die Kleidung selbst gelenkt, wir unterscheiden sie absolut von der Person, wir sagen, dass diese sich selbst entkleidet - als ob nicht jedes Kleidungsstück eine Verkleidung wäre!

Wir fangen an, einen schwachen Blick auf die äußerst komplizierten Schwierigkeiten zu erhaschen, die dieses Problem des Komischen aufwirft. Einer der Gründe, der zu vielen falschen oder unbefriedigenden Theorien des Lachens geführt haben muss, ist, dass viele Dinge de jure komisch sind, ohne de facto komisch zu sein, da die Kontinuität der Gewohnheit die komische Qualität in ihnen abgetötet hat. Es bedarf einer plötzlichen Auflösung der Kontinuität, eines Bruchs mit der Mode, damit diese Qualität wieder auflebt. Daher der Eindruck, dass diese Auflösung der Kontinuität der Ursprung des Komischen ist, während sie uns nur darauf aufmerksam macht. Daher auch die Erklärung des Lachens durch Überraschung, Kontrast usw., Definitionen, die auch auf eine Vielzahl von Fällen zutreffen würden, in denen wir überhaupt nicht zum Lachen neigen. Die Wahrheit ist bei weitem nicht so einfach. Doch kehren wir zu unserem Begriff der Verkleidung zurück, der, wie wir gerade gezeigt haben, mit der besonderen Aufgabe betraut wurde, Lachen hervorzurufen. Es wäre nicht unangebracht, zu untersuchen, wie sie diese Kraft einsetzt.

Warum lachen wir über einen Kopf, der sich von dunkel zu blond verändert hat? Was ist so komisch an einer rubikunden Nase? Und warum lacht man über einen Schwarzen? Die Frage scheint peinlich zu sein, denn sie wurde von verschiedenen Psychologen wie Hecker, Kraepelin und Lipps gestellt, und alle haben unterschiedliche Antworten gegeben. Und doch glaube ich, dass mir die richtige Antwort eines Tages auf der Straße von einem gewöhnlichen Taxifahrer gegeben wurde, der den Ausdruck "ungewaschen" auf den Schwarzer, den er fuhr, anwandte. Ungewaschen! Heißt das nicht, dass ein schwarzes Gesicht in unserer Vorstellung ein mit Tinte oder Ruß beschmiertes Gesicht ist? Wenn dem so ist, dann kann eine rote Nase nur eine sein, die mit Zinnoberrot beschmiert wurde. Wir sehen also, dass der Begriff der Verkleidung etwas von seiner komischen Qualität auf Fälle übertragen hat, in denen es eigentlich keine Verkleidung gibt, obwohl es eine geben könnte.

Im ersten Set von Beispielen war die übliche Kleidung zwar nicht mit der Person identisch, aber sie schien in unserer Vorstellung eine Einheit mit ihr zu bilden, weil wir uns an den Anblick gewöhnt hatten. Im zweiten Fall, obwohl die schwarze oder rote Farbe tatsächlich der Haut innewohnt, halten wir sie für künstlich aufgetragen, weil sie uns überrascht.

Aber hier stoßen wir auf neue Schwierigkeiten in der Theorie des Komischen. Eine Behauptung wie die folgende: "Meine übliche Kleidung ist ein Teil meines Körpers" ist in den Augen der Vernunft absurd. Doch die Phantasie sieht es als wahr an. "Eine rote Nase ist eine gemalte Nase", "Ein Schwarzer ist ein verkleideter Weißer" sind für die Vernunft, die rationalisiert, ebenfalls absurd, aber für die reine Vorstellungskraft sind sie Wahrheiten des Evangeliums. Es gibt also eine Logik der Phantasie, die nicht die Logik der Vernunft ist, eine Logik, die ihr manchmal sogar entgegengesetzt ist, mit der die Philosophie jedoch rechnen muss, nicht nur bei der Untersuchung des Komischen, sondern bei jeder anderen Untersuchung derselben Art. Es ist so etwas wie die Logik der Träume, allerdings der Träume, die nicht der Laune des Einzelnen überlassen sind, sondern die von der ganzen Gesellschaft geträumt werden. Um diese verborgene Logik zu rekonstruieren, bedarf es einer besonderen Anstrengung, bei der die äußere Kruste sorgfältig geschichteter Urteile und fest gefügter Vorstellungen abgetragen wird und wir in den Tiefen unseres Geistes wie eine unterirdische Wasserschicht den Fluss eines ununterbrochenen Stroms von Bildern sehen, die ineinander übergehen. Diese gegenseitige Durchdringung der Bilder kommt nicht zufällig zustande. Es gehorcht Gesetzen oder vielmehr Gewohnheiten, die sich auf die Phantasie genauso beziehen wie die Logik auf das Denken.

Verfolgen wir nun diese Logik der Phantasie in dem vorliegenden speziellen Fall. Ein verkleideter Mann ist komisch. Ein Mann, den wir als verkleidet betrachten, ist ebenfalls komisch. In Analogie dazu wird jede Verkleidung komisch, nicht nur die eines Menschen, sondern auch die der Gesellschaft und sogar die Verkleidung der Natur.

Lassen Sie uns mit der Natur beginnen. Sie lachen über einen Hund, der halb geschoren ist, über ein Beet mit künstlich gefärbten Blüten, über einen Wald, in dem die Bäume mit Wahlsprüchen zugekleistert sind, usw. Suchen Sie nach dem Grund, und Sie werden sehen, dass Sie wieder einmal an eine Maskerade denken. Hier ist das komische Element jedoch sehr schwach, es ist zu weit von seiner Quelle entfernt. Wenn Sie es verstärken wollen, müs-

sen Sie zur Quelle selbst zurückkehren und das abgeleitete Bild, das einer
Maskerade, dem ursprünglichen Bild gegenüberstellen, das, wie Sie sich
erinnern werden, das einer mechanischen Manipulation des Lebens war. Mit
der "mechanisch manipulierten Natur" haben wir ein durch und durch komisches Thema, das die Phantasie in immer neuen Variationen spielen kann,
mit der Gewissheit, dass es die größte Heiterkeit hervorruft. Sie erinnern sich
vielleicht an die amüsante Passage in Tartarin Sur Les Alpes, in der Bompard
Tartarin - und damit in gewissem Maße auch den Leser - dazu bringt, die
Idee einer Schweiz zu akzeptieren, die voller Maschinen ist wie der Keller
der Oper und von einer Gesellschaft betrieben wird, die eine Reihe von Was-
serfällen, Gletschern und künstlichen Gletscherspalten unterhält. Das gleiche
Thema taucht, wenn auch in einer ganz anderen Tonart, in den Novel Notes
des englischen Humoristen Jerome K. Jerome auf. Eine ältere Lady Bounti-
ful, die nicht möchte, dass ihre Taten der Nächstenliebe zu viel Zeit in
Anspruch nehmen, stellt in der Nähe ihres Hauses Heime für die Bekehrung
von Atheisten zur Verfügung, die sozusagen speziell für sie hergestellt wurden, und für eine Reihe von ehrlichen Leuten, die zu Trunkenbolden
gemacht wurden, damit sie sie von ihrem Versagen heilen kann, usw. Es gibt
komische Sätze, in denen dieses Thema wie ein fernes Echo zu hören ist,
gepaart mit einer aufrichtigen oder affektierten Aufrichtigkeit, die als Begleitung dient. Nehmen Sie zum Beispiel die Bemerkung einer Dame, die von
dem Astronomen Cassini eingeladen wurde, eine Mondfinsternis zu sehen.
Als sie zu spät kam, sagte sie: "Ich weiß, dass Herr de Cassini die Güte
haben wird, alles noch einmal zu beginnen, um mich zu erfreuen." Oder nehmen Sie noch einmal den Ausruf einer Figur aus Gondiinet, als sie in einer
Stadt ankommt und erfährt, dass es in der Nähe einen erloschenen Vulkan
gibt: "Sie hatten einen Vulkan, und sie haben ihn erlöschen lassen!"

Lassen Sie uns zur Gesellschaft kommen. Da wir sowohl in ihr als auch
von ihr sind, können wir nicht anders, als sie als ein lebendiges Wesen zu
betrachten. Jedes Bild, das auf die Vorstellung einer sich verkleidenden
Gesellschaft oder einer sozialen Maskerade hindeutet, ist daher lächerlich.
Eine solche Vorstellung entsteht, wenn wir auf der Oberfläche der lebendigen Gesellschaft etwas Unbewegliches, Stereotypes oder einfach Fertiges
wahrnehmen. Da haben wir es wieder mit Starrheit zu tun, die mit der inneren Geschmeidigkeit des Lebens kollidiert. Die zeremonielle Seite des
gesellschaftlichen Lebens muss daher immer auch ein latentes komisches
Element enthalten, das nur auf eine Gelegenheit wartet, um zum Vorschein
zu kommen. Man könnte sagen, dass die Zeremonien für den gesellschaftli-

chen Körper das sind, was die Kleidung für den individuellen Körper ist: Sie verdanken ihre Ernsthaftigkeit der Tatsache, dass sie in unserer Vorstellung mit dem ernsten Gegenstand identifiziert werden, mit dem der Brauch sie verbindet, und wenn wir sie in unserer Vorstellung isolieren, verlieren sie sofort ihre Ernsthaftigkeit. Damit eine Zeremonie komisch wird, reicht es also aus, dass unsere Aufmerksamkeit auf das zeremonielle Element in ihr gerichtet ist, und dass wir ihre Materie vernachlässigen, wie die Philosophen sagen, und nur an ihre Form denken. Jeder weiß, wie leicht der komische Geist seinen Einfallsreichtum auf soziale Handlungen stereotyper Natur ausübt, von einer gewöhnlichen Preisverleihung bis hin zur feierlichen Sitzung eines Gerichtshofs. Jede Form oder Formel ist ein vorgefertigter Rahmen, in den das komische Element eingepasst werden kann.

Auch hier wird das Komische hervorgehoben, indem es näher an seinen Ursprung gebracht wird. Von der Idee der Travestie, einer abgeleiteten Idee, müssen wir zu der ursprünglichen Idee zurückkehren, der Idee eines Mechanismus, der dem Leben überlagert ist. Schon die steife und gestärkte Formalität eines jeden Zeremoniells suggeriert uns ein Bild dieser Art. Denn sobald wir den ernsten Zweck einer Feierlichkeit oder einer Zeremonie vergessen, vermitteln uns die daran Beteiligten den Eindruck von Marionetten in Bewegung. Ihre Beweglichkeit scheint sich die Unbeweglichkeit einer Formel zum Vorbild zu nehmen. Es wird zum Automatismus. Ein vollständiger Automatismus wird jedoch nur bei dem Beamten erreicht, der seine Pflicht wie eine Maschine erfüllt, oder bei der Bewusstlosigkeit, die eine Verwaltungsvorschrift kennzeichnet, die mit unerbittlicher Fatalität arbeitet und sich selbst als Naturgesetz aufstellt. Ganz zufällig stieß ich bei der Zeitungslektüre auf ein Exemplar dieser Art von Komik. Vor zwanzig Jahren erlitt ein großer Dampfer vor der Küste von Dieppe Schiffbruch. Nur mit Mühe konnten einige der Passagiere in einem Boot gerettet werden. Einige Zollbeamte, die ihnen mutig zu Hilfe geeilt waren, fragten sie zunächst, "ob sie etwas zu deklarieren hätten." Etwas Ähnliches, wenn auch auf subtilere Weise, finden wir in der Bemerkung eines Abgeordneten, als er den Innenminister am Morgen nach einem schrecklichen Mord, der sich in einem Eisenbahnwagen ereignet hatte, befragte: "Der Mörder muss, nachdem er sein Opfer abgesetzt hatte, auf der falschen Seite des Zuges ausgestiegen sein und damit gegen die Vorschriften der Gesellschaft verstoßen haben."

Ein mechanisches Element, das in die Natur eingeführt wurde, und eine automatische Regelung der Gesellschaft, das sind also die beiden Arten von lächerlichen Effekten, zu denen wir gelangt sind. Es bleibt uns nur noch, sie zu kombinieren und zu sehen, was das Ergebnis sein wird.

Das Ergebnis der Kombination wird offensichtlich eine menschliche Regulierung der Angelegenheiten sein, die sich an die Stelle der Naturgesetze setzt. Erinnern wir uns an die Antwort, die Sganarelle Geronte gab, als dieser bemerkte, dass sich das Herz auf der linken Seite und die Leber auf der rechten Seite befand: "Ja, so war es früher, aber wir haben das alles geändert; jetzt praktizieren wir die Medizin auf eine ganz neue Weise." Wir erinnern uns auch an die Konsultation zwischen den beiden Ärzten von M. de Pourceaugnac: "Ihre Argumente sind so gelehrt und elegant, dass es unmöglich ist, dass der Patient nicht hypochondrisch-melancholisch ist; oder, selbst wenn er es nicht wäre, müsste er es aufgrund der Eleganz der Dinge, die Sie gesagt haben, und der Genauigkeit Ihrer Argumentation sicherlich werden." Wir könnten die Beispiele vervielfachen, denn es würde genügen, die Ärzte von Molière nacheinander aufzurufen. Wie weit die komische Phantasie auch gehen mag, die Realität versucht manchmal, sie zu übertreffen. Einem zeitgenössischen Philosophen, einem ausgesprochenen Argumentierer, wurde gesagt, dass seine Argumente zwar in ihren Schlussfolgerungen untadelig seien, aber die Erfahrung gegen sie spreche. Er beendete die Diskussion mit der bloßen Bemerkung: "Die Erfahrung ist im Unrecht". Die Wahrheit ist, dass diese Vorstellung, das Leben als eine Angelegenheit der geschäftlichen Routine zu regeln, weiter verbreitet ist, als man sich vorstellen kann; es ist auf seine Weise natürlich, obwohl wir es gerade erst durch einen künstlichen Prozess der Rekonstruktion erhalten haben. Man könnte sagen, dass es die Quintessenz der Pedanterie ist, die im Grunde nichts anderes ist als die Kunst, die vorgibt, die Natur zu übertreffen.

Zusammengefasst haben wir es also mit ein und demselben Effekt zu tun, der immer subtilere Formen annimmt, je weiter man von der Idee einer künstlichen MECHANISIERUNG des menschlichen Körpers, wenn ein solcher Ausdruck zulässig ist, zu der einer wie auch immer gearteten Ersetzung des Natürlichen durch das Künstliche übergeht. Eine immer weniger strenge Logik, die mehr und mehr der Logik der Traumwelt ähnelt, verlagert dieselbe Beziehung in immer höhere Sphären, zwischen immer immaterielleren Begriffen, bis wir schließlich feststellen, dass eine bloße Verwaltungsvorschrift dasselbe Verhältnis zu einem natürlichen oder moralischen Gesetz hat wie beispielsweise ein konfektioniertes Kleidungsstück zu einem lebenden Körper. Wir sind nun am Ende der ersten der drei Richtungen angelangt, die wir zu verfolgen hatten. Wenden wir uns der zweiten zu und sehen wir, wohin sie uns führen wird.

2. Unser Ausgangspunkt ist wieder "etwas Mechanisches, das dem Lebendigen anhaftet". Woher kommt das Komische in diesem Fall? Es kam von der Tatsache, dass der lebende Körper starr wurde, wie eine Maschine. Dementsprechend schien es uns, dass der lebende Körper die Vollkommenheit der Geschmeidigkeit sein sollte, die immer wache Aktivität eines Prinzips, das immer am Werk ist. Aber diese Aktivität würde eigentlich eher der Seele als dem Körper gehören. Es wäre die eigentliche Flamme des Lebens, die von einem höheren Prinzip in uns entfacht und durch den Körper wie durch ein Glas wahrgenommen wird. Wenn wir im lebenden Körper nur Anmut und Geschmeidigkeit sehen, dann deshalb, weil wir in ihm die Elemente des Gewichts, des Widerstands und, mit einem Wort, der Materie außer Acht lassen; wir vergessen seine Materialität und denken nur an seine Vitalität, eine Vitalität, die wir als vom Prinzip des intellektuellen und moralischen Lebens selbst abgeleitet betrachten, Nehmen wir jedoch an, dass unsere Aufmerksamkeit auf diese materielle Seite des Körpers gerichtet ist; dass der Körper, weit davon entfernt, an der Leichtigkeit und Subtilität des Prinzips teilzuhaben, mit dem er beseelt ist, in unseren Augen nicht mehr ist als ein schweres und schwerfälliges Gewand, eine Art lästiger Ballast, der eine Seele, die sich in die Höhe erheben möchte, auf der Erde hält. Dann wird der Körper für die Seele zu dem, was, wie wir gerade gesehen haben, das Kleidungsstück für den Körper selbst war - träge Materie, die auf die lebendige Energie abgeworfen wird. Der Eindruck des Komischen entsteht, sobald wir eine klare Vorstellung davon haben, wie das eine auf das andere gelegt wird. Und wir werden ihn am stärksten erleben, wenn uns die Seele gezeigt wird, die von den Bedürfnissen des Körpers TANTALISIERT wird: auf der einen Seite die moralische Persönlichkeit mit ihrer intelligenten, vielfältigen Energie und auf der anderen Seite der stupide, eintönige Körper, der mit seinem maschinellen Eigensinn ständig alles behindert. Je armseliger und gleichförmiger sich diese Ansprüche des Körpers wiederholen, desto auffälliger wird das Ergebnis sein. Aber das ist nur eine Frage des Grades, und das allgemeine Gesetz dieser Phänomene lässt sich wie folgt formulieren: Jeder Vorfall ist komisch, der unsere Aufmerksamkeit auf das Körperliche in einer Person lenkt, wenn es um die moralische Seite geht.

Warum lachen wir über einen öffentlichen Redner, der genau im erbärmlichsten Moment seiner Rede niest? Worin liegt das komische Element in diesem Satz, der einer Trauerrede entnommen und von einem deutschen Philosophen zitiert wurde: "Er war tugendhaft und mollig"? Es liegt in der Tatsache, dass unsere Aufmerksamkeit plötzlich von der Seele zum Körper zurückgerufen wird. Ähnliche Beispiele gibt es im täglichen Leben zuhauf, aber wenn Sie sich nicht die Mühe machen wollen, danach zu suchen, brauchen Sie nur zufällig einen Band Labiche aufzuschlagen, und Sie werden mit ziemlicher Sicherheit auf einen Effekt dieser Art stoßen. Da haben wir einen Redner, dessen eloquenteste Sätze durch das Zwicken eines schlechten Zahns unterbrochen werden; da haben wir eine der Figuren, die nie zu sprechen beginnt, ohne mittendrin zu unterbrechen, um sich darüber zu beschweren, dass ihre Schuhe zu klein oder ihr Gürtel zu eng sind usw. Das Bild, das uns in all diesen Beispielen suggeriert wird, ist eine Person, die sich über ihren Körper ärgert. Der Grund dafür, dass übermäßige Beleibtheit lächerlich ist, liegt wahrscheinlich darin, dass sie ein ähnliches Bild hervorruft. Ich glaube fast, dass es auch das ist, was Schüchternheit manchmal etwas lächerlich macht. Der schüchterne Mann erweckt eher den Eindruck eines Menschen, dem sein Körper peinlich ist und der sich nach einer geeigneten Garderobe umschaut, in der er ihn ablegen kann.

Gerade deshalb ist der tragische Dichter so vorsichtig, alles zu vermeiden, was die Aufmerksamkeit auf die materielle Seite seiner Helden lenken könnte. Kaum wird die Sorge um den Körper deutlich, ist das Eindringen eines komischen Elements zu befürchten. Aus diesem Grund isst oder trinkt der Held in einer Tragödie nicht und wärmt sich nicht. Er setzt sich nicht einmal hin, wenn es sich nicht vermeiden lässt. Sich mitten in einer schönen Rede hinzusetzen, würde bedeuten, dass Sie sich daran erinnern, dass Sie einen Körper haben. Napoleon, der ein Psychologe war, wenn er es sein wollte, hatte bemerkt, dass der Übergang von der Tragödie zur Komödie einfach durch das Hinsetzen erfolgt. Im "Journal inedit" des Barons Gourgaud, in dem er von einem Gespräch mit der Königin von Preußen nach der Schlacht von Iena berichtet, drückt er sich folgendermaßen aus: "Sie empfing mich auf tragische Weise wie Chimene: Gerechtigkeit! Sire, Gerechtigkeit! Magdeburg! So fuhr sie in einer für mich höchst peinlichen Weise fort. Um sie dazu zu bringen, ihren Stil zu ändern, forderte ich sie schließlich auf, sich zu setzen. Das ist die beste Methode, um eine tragische Szene abzukürzen, denn sobald man sitzt, wird alles zur Komödie."

Lassen Sie uns nun dieses Bild des Körpers, der der Seele vorauseilt, weiter fassen. Wir werden etwas allgemeineres erhalten - DIE MANNSCHAFT, die versucht, über die Sache hinauszugehen, der BRIEF, der darauf abzielt, den GEIST zu verdrängen. Ist es nicht vielleicht diese Idee, die uns die Komödie suggerieren will, wenn sie einen Beruf der Lächerlichkeit preisgibt? Sie lässt den Anwalt, den Richter und den Arzt so sprechen, als wären Gesundheit und Gerechtigkeit von geringer Bedeutung, denn die Hauptsache ist, dass wir Anwälte, Richter und Ärzte haben und dass alle äußeren Formalitäten, die zu diesen Berufen gehören, peinlich genau eingehalten werden. Und so wird das Mittel durch den Zweck ersetzt, die Art und Weise durch die Sache. Nicht mehr der Beruf wird für die Öffentlichkeit gemacht, sondern die Öffentlichkeit für den Beruf. Die ständige Beachtung der Form und die mechanische Anwendung von Regeln führen hier zu einer Art professionellem Automatismus, der dem ähnelt, der der Seele durch die Gewohnheiten des Körpers aufgezwungen wird, und der ebenso lächerlich ist. Es gibt zahlreiche Beispiele dafür auf der Bühne. Ohne auf die Einzelheiten der Variationen dieses Themas einzugehen, wollen wir zwei oder drei Passagen zitieren, in denen das Thema selbst in seiner ganzen Einfachheit dargelegt wird. "Sie sind nur verpflichtet, die Menschen der Form nach zu behandeln", sagt Doktor Diafoirus in der "Malade imaginaire". Wiederum sagt Doktor Bahis, in "L'Amour medecin": "Es ist besser, zu sterben, indem man die Regeln befolgt, als zu genesen, indem man sie verletzt." In demselben Stück hatte Desfonandres zuvor gesagt: "Wir müssen immer die Formalitäten der beruflichen Etikette einhalten, was auch immer passieren mag." Und der Grund dafür wird von seinem Kollegen Tomes genannt: "Ein toter Mann ist nur ein toter Mann, aber die Nichtbeachtung einer Formalität schadet dem gesamten Kollegium." Brid'oisons Worte, obwohl sie eine etwas andere Idee verkörpern, sind nicht minder bedeutsam: "F-Form, wohlgemerkt, F-Form. Ein Mann lacht über einen Richter im Morgenmantel, und doch würde er beim bloßen Anblick eines Anwalts in seiner Robe vor Angst zittern. F-Form, alles eine Frage der F-Form."

Hier haben wir die erste Illustration eines Gesetzes, das im Laufe unserer Arbeit immer deutlicher hervortreten wird. Wenn ein Musiker eine Note auf einem Instrument anschlägt, entstehen von selbst andere Noten, die nicht so laut sind wie die erste, aber durch bestimmte Beziehungen mit ihr verbunden sind, die mit ihr verschmelzen und ihre Qualität bestimmen. Diese werden in der Physik als Obertöne des Grundtons bezeichnet. Es hat den Anschein, dass die komische Phantasie selbst in ihren abwegigsten Erfindungen einem ähnlichen Gesetz gehorcht. Nehmen wir zum Beispiel diese komische Note: Der Schein will über die Wirklichkeit triumphieren. Wenn unsere Analyse richtig ist, dann muss dieser Wahn den Körper als Oberton haben, der den Geist quält, der Körper hat Vorrang vor dem Geist. Kaum hat der komische Dichter also den ersten Ton angeschlagen, wird er unwillkürlich und instinktiv den zweiten hinzufügen. Mit anderen Worten, er wird das, was beruflich lächerlich ist, mit etwas verdoppeln, das physisch lächerlich ist.

Wenn Brid'oison, der Richter, stammelnd die Bühne betritt, bereitet er uns dann nicht gerade durch dieses Stottern darauf vor, das Phänomen der intellektuellen Verknöcherung zu verstehen, dessen Zeuge wir werden werden? Welche geheime Beziehung kann es zwischen dem körperlichen Defekt und dem moralischen Gebrechen geben? Das ist schwer zu sagen, aber wir haben das Gefühl, dass es diese Beziehung gibt, auch wenn wir sie nicht in Worte fassen können. Vielleicht erforderte es die Situation, dass diese Urteilsmaschine auch als eine sprechende Maschine vor uns steht. Wie dem auch sei, kein anderer Oberton hätte den Grundton besser vervollständigen können.

Als Moliere uns in L'Amour medecin die beiden lächerlichen Ärzte Bahis und Macroton vorstellt, lässt er einen von ihnen sehr langsam sprechen, als ob er seine Worte Silbe für Silbe abtastet, während der andere stottert. Den gleichen Kontrast finden wir zwischen den beiden Anwälten in Monsieur de Pourceaugnac. Im Sprachrhythmus findet sich in der Regel die körperliche Besonderheit, die das Element der professionellen Lächerlichkeit vervollständigen soll. Wenn der Autor es versäumt hat, einen solchen Fehler vorzuschlagen, kommt es selten vor, dass der Schauspieler nicht instinktiv einen erfindet.

Zwischen den beiden Bildern, die wir miteinander verglichen haben, besteht also eine natürliche Beziehung, die wir ebenso natürlich erkennen: Der Geist kristallisiert sich in bestimmten Furchen, und der Körper verliert durch den Einfluss bestimmter Defekte seine Elastizität. Unabhängig davon, ob unsere Aufmerksamkeit von der Materie auf die Art und Weise oder von der Moral auf das Körperliche gelenkt wird, wird in beiden Fällen dieselbe Art von Eindruck auf unsere Vorstellungskraft übertragen; in beiden Fällen ist die Komik also von derselben Art. Auch hier war es unser Ziel, der natürlichen Tendenz der Vorstellungsbewegung zu folgen. Diese Tendenz oder Richtung war, wie Sie sich erinnern werden, die zweite von denen, die uns angeboten wurden, ausgehend von einem zentralen Bild. Ein dritter und letzter Weg bleibt unerforscht, den wir nun beschreiten werden.

3. Kehren wir also ein letztes Mal zu unserem zentralen Bild zurück: etwas Mechanisches, das auf etwas Lebendigem verkrustet ist. In diesem Fall war das Lebewesen, um das es ging, ein Mensch, eine Person. Ein mechanisches Gebilde hingegen ist ein Ding. Was also zum Lachen anregte, war die momentane Verwandlung einer Person in eine Sache, wenn man das Bild unter diesem Gesichtspunkt betrachtet. Gehen wir also von der genauen Vorstellung einer Maschine zu der vagen Vorstellung eines Dings im Allge-

meinen über. Wir werden eine neue Reihe von lächerlichen Bildern haben, die wir sozusagen durch einen verschwommenen Abdruck der Umrisse des ersten erhalten und die uns zu diesem neuen Gesetz führen: WIR LACHEN JEDES MAL, WENN EINE PERSON UNS DEN EINDRUCK VERMIT-TELT, EIN DING ZU SEIN.

Wir lachen über Sancho Panza, der in eine Bettdecke gestürzt und wie ein Fußball in die Luft geworfen wird. Wir lachen über Baron Münchhausen, der sich in eine Kanonenkugel verwandelt und durch den Weltraum reist. Aber bestimmte Tricks von Zirkusclowns könnten eine noch präzisere Veranschaulichung desselben Gesetzes sein. Allerdings müssten wir die Witze, die bloße Einfügungen des Clowns in sein Hauptthema sind, weglassen und nur das Thema selbst im Auge behalten, d.h. die verschiedenen Haltungen, Kapriolen und Bewegungen, die das streng "clowneske" Element in der Kunst des Clowns bilden. Bei nur zwei Gelegenheiten habe ich diesen Stil des Komischen in seiner unverfälschten Form beobachten können, und bei beiden hatte ich den gleichen Eindruck. Beim ersten Mal kamen und gingen die Clowns, stießen zusammen, fielen und sprangen in einem gleichmäßig beschleunigten Rhythmus wieder auf, sichtlich darauf bedacht, ein CRE-SCENDO zu bewirken. Und es war mehr und mehr das Wiederaufspringen, der REBOUND, der die Aufmerksamkeit des Publikums auf sich zog. Allmählich verlor man die Tatsache aus den Augen, dass es sich um Menschen aus Fleisch und Blut handelte wie wir selbst; man begann, an Bündel aller Art zu denken, die hinfielen und gegeneinander stießen. Dann nahm die Vision einen konkreteren Aspekt an. Die Formen wurden runder, die Körper rollten zusammen und schienen sich wie Bälle aufzurichten. Dann endlich erschien das Bild, auf das sich die ganze Szene unbewusst zubewegt hatte: große Gummibälle, die in alle Richtungen gegeneinander geschleudert wurden. Die zweite Szene, obwohl noch gröber als die erste, war nicht weniger lehrreich. Es kamen zwei Männer auf die Bühne, jeder mit einem riesigen Kopf, kahl wie eine Billardkugel. In ihren Händen hielten sie große Stöcke, die sie nacheinander auf den Schädel des anderen schlugen. Auch hier war eine gewisse Abstufung zu beobachten. Nach jedem Schlag schienen die Körper schwerer und unnachgiebiger zu werden, überwältigt von einem zunehmenden Grad an Steifheit. Dann kam der Gegenschlag, der in jedem Fall schwerer und dröhnender war als der letzte und zudem nach einem längeren Intervall erfolgte. Die Schädel gaben ein gewaltiges Geräusch in dem stillen Haus von sich. Schließlich beugten sich die beiden Körper, jeder ganz starr und pfeilgerade, langsam aufeinander zu, die Stöcke fielen mit einem dumpfen Schlag auf die beiden Köpfe, als ob riesige Hämmer auf Eichenbal-

ken fielen, und die beiden lagen auf dem Boden. In diesem Augenblick
erschien in aller Deutlichkeit die Suggestion, die die beiden Künstler nach
und nach in die Phantasie der Zuschauer getrieben hatten: "Wir sind im
Begriff, zu ... wir sind jetzt zu massiven Holzpuppen geworden."

Eine Art schwacher, vager Instinkt mag es selbst einem unkultivierten
Geist ermöglichen, hier eine Ahnung von den subtileren Ergebnissen der
psychologischen Wissenschaft zu bekommen. Wir wissen, dass es möglich
ist, bei einem hypnotisierten Menschen durch einfache Suggestion halluzina-
torische Visionen hervorzurufen. Wenn man ihm sagt, dass ein Vogel auf seiner Hand sitzt, wird er den Vogel sehen und ihn wegfliegen sehen. Die suggerierte Vorstellung wird jedoch bei weitem nicht immer mit der gleichen
Fügsamkeit akzeptiert. Nicht selten gelingt es dem Hypnotiseur erst nach
und nach durch eine sorgfältig abgestufte Reihe von Andeutungen, eine Idee
in den Kopf seiner Versuchsperson zu bringen. Er beginnt mit Objekten, die
die Versuchsperson tatsächlich wahrnimmt, und bemüht sich, die Wahrnehmung dieser Objekte immer unbestimmter zu machen. Dann bringt er aus
diesem Zustand des geistigen Chaos Schritt für Schritt die genaue Form des
Objekts hervor, von dem er eine Halluzination erzeugen möchte. Vielen
Menschen passiert etwas Ähnliches, wenn sie in den Schlaf fallen. Sie sehen,
wie sich die farbigen, flüssigen, formlosen Massen, die das Blickfeld einnehmen, unmerklich zu klaren Objekten verfestigen.

Folglich ist der allmähliche Übergang vom Verschwommenen und Vagen
zum Klaren und Deutlichen die Methode der Suggestion schlechthin. Ich
könnte mir vorstellen, dass es die Wurzel vieler komischer Suggestionen ist,
insbesondere in den gröberen Formen des Comics, in denen die Verwandlung einer Person in eine Sache vor unseren Augen stattzufinden scheint.
Aber es gibt noch andere, subtilere Methoden, die vielleicht unbewusst zum
selben Ziel führen, zum Beispiel bei Dichtern. Durch eine bestimmte Anordnung von Rhythmus, Reim und Assonanz ist es möglich, die Vorstellungskraft einzulullen, sie mit einer regelmäßigen Wippbewegung zwischen Glei-
chem und Ähnlichem hin und her zu wiegen und sie so gefügig darauf vorzubereiten, die suggerierte Vision anzunehmen. Hören Sie sich diese wenigen Zeilen von Regnard an und sehen Sie, ob nicht so etwas wie das flüch-
tige Bild einer Puppe das Feld Ihrer Vorstellungskraft kreuzt:

... Plus, il doit a maints particuliers La somme de dix mil une livre une
obole, Pour l'avoir sans relache un an sur sa parole Habille, voiture, chauffe,
chausse, gante, Alimente, rase, desaltere, porte.

[Anmerkung: Außerdem schuldet er manchem ehrlichen Mann die Summe von zweitausend Pfund und einem Farthing, weil er ihn auf sein einfaches Ehrenwort hin ohne Unterbrechung ein ganzes Jahr lang gekleidet, befördert, gewärmt, beschlagen, behandelt, gefüttert und rasiert, seinen Durst gestillt und ihn getragen hat.]

Findet sich nicht etwas Ähnliches in dem folgenden Sally von Figaro (obwohl hier vielleicht versucht wird, das Bild eines Tieres und nicht das einer Sache zu suggerieren): "Quel homme est-ce?-C'est un beau, gros, court, jeune vieillard, gris pommele, ruse, rase, blase, qui guette et furette, et gronde et geint tout a la fois." *[Anmerkung: "Was für ein Mann ist das?" - "Ein hübscher, stämmiger, kleiner, jugendlicher alter Herr, eisengrau, ein gewiefter Schurke, sauber rasiert, sauber 'verbraucht', der spioniert und pries und knurrt und stöhnt, alles im selben Atemzug."]*

Nun, zwischen diesen groben Szenen und diesen subtilen Andeutungen ist Platz für eine unzählige Anzahl von amüsanten Effekten, für all jene, die man erzielen kann, wenn man über Personen so spricht, wie man es über bloße Dinge tun würde. Wir werden nur ein oder zwei Beispiele aus den Stücken von Labiche auswählen, in denen sie Legion sind.

Gerade als M. Perrichon in den Eisenbahnwagen steigt, vergewissert er sich, dass er keines seiner Pakete vergessen hat: "Vier, fünf, sechs, meine Frau sieben, meine Tochter acht und ich neun." In einem anderen Stück rühmt sich ein liebevoller Vater mit der Gelehrsamkeit seiner Tochter wie folgt: "Sie wird Ihnen, ohne zu zögern, alle Könige von Frankreich nennen, die es gegeben hat." Diese Formulierung "die sich ereignet haben" verwandelt die Könige zwar nicht gerade in bloße Dinge, vergleicht sie aber dennoch mit Ereignissen unpersönlicher Natur.

Beachten Sie bei diesem letzten Beispiel, dass es nicht notwendig ist, die Identifizierung der Person mit der Sache zu vervollständigen, um eine komische Wirkung zu erzielen. Es reicht aus, wenn wir in dieser Richtung beginnen, indem wir z.B. vorgeben, die Person mit der Funktion zu verwechseln, die sie ausübt. Ich möchte nur einen Satz zitieren, den der Bürgermeister eines Dorfes in einem von Abouts Romanen spricht: "Der Präfekt, der uns immer die gleiche Freundlichkeit entgegengebracht hat, obwohl er seit 1847 mehrmals ausgewechselt wurde..."

Alle diese Witze sind nach dem gleichen Muster aufgebaut. Wir könnten uns jede Menge davon ausdenken, wenn wir einmal im Besitz des Rezepts sind. Aber die Kunst des Geschichtenerzählers oder des Dramatikers besteht nicht nur darin, Witze auszuhecken. Die Schwierigkeit besteht darin, einem

Witz seine Suggestionskraft zu verleihen, d.h. ihn akzeptabel zu machen. Und wir akzeptieren ihn nur, weil er entweder das natürliche Produkt eines bestimmten Gemütszustandes zu sein scheint oder weil er zu den Umständen des Falles passt. Wir wissen zum Beispiel, dass M. Perrichon anlässlich seiner ersten Eisenbahnfahrt sehr aufgeregt ist. Der Ausdruck "sich ereignen" ist ein Ausdruck, der in den Lektionen, die das Mädchen vor ihrem Vater wiederholt hat, sehr oft aufgetaucht sein muss; er lässt uns an eine solche Wiederholung denken. Und schließlich könnte die Bewunderung für den Regierungsapparat so weit gehen, dass wir glauben, dass sich der Präfekt nicht ändert, wenn er seinen Namen ändert, und dass die Funktion unabhängig vom Funktionär weitergeführt wird.

Damit haben wir einen Punkt erreicht, der sehr weit vom ursprünglichen Grund des Lachens entfernt ist. So manche komische Form, die sich nicht aus sich selbst heraus erklären lässt, kann in der Tat nur aus ihrer Ähnlichkeit mit einer anderen verstanden werden, die uns nur aufgrund ihrer Beziehung zu einer dritten zum Lachen bringt, und so weiter und so fort, so dass die psychologische Analyse, so leuchtend und forschend sie auch sein mag, in die Irre führt, wenn sie nicht den Faden in der Hand hält, an dem sich der komische Eindruck von einem Ende der Reihe zum anderen bewegt hat. Woher kommt diese progressive Kontinuität? Was kann die treibende Kraft sein, der seltsame Impuls, der den Comic dazu bringt, von Bild zu Bild zu gleiten, immer weiter weg vom Ausgangspunkt, bis er sich in unendlich entfernten Analogien auflöst und verliert? Aber was ist das für eine Kraft, die die Äste eines Baumes in kleinere Zweige und seine Wurzeln in Keimlinge aufteilt und unterteilt? Ein unerbittliches Gesetz zwingt jede lebendige Energie dazu, während des kurzen Zeitraums, der ihr zugestanden wird, die größtmögliche Ausdehnung im Raum zu erreichen. Die komische Phantasie ist in der Tat eine lebendige Energie, eine seltsame Pflanze, die sich von den steinigen Teilen des sozialen Bodens ernährt hat, bis die Kultur es ihr erlaubte, mit den raffiniertesten Produkten der Kunst zu wetteifern. Es stimmt, dass wir mit den Beispielen des Comics, die wir gerade besprochen haben, weit von großer Kunst entfernt sind. Aber wir werden uns ihr im folgenden Kapitel annähern, ohne sie jedoch vollständig zu erreichen. Unterhalb der Kunst finden wir den Kunstgriff, und es ist diese Zone des Kunstgriffs, auf halbem Weg zwischen Natur und Kunst, die wir nun betreten werden. Wir werden uns mit dem komischen Dramatiker und dem Witz beschäftigen.

KAPITEL II - DAS KOMISCHE ELEMENT IN SITUATIONEN UND DAS KOMISCHE ELEMENT IN WORTEN

I

Wir haben das komische Element in den Formen, in den Haltungen und in den Bewegungen im Allgemeinen untersucht; suchen wir es nun in den Handlungen und in den Situationen. Diese Art von Komik begegnet uns in der Tat häufig genug im täglichen Leben. Aber hier ist es nicht der Ort, an dem es sich am besten analysieren lässt. Wenn wir davon ausgehen, dass die Bühne sowohl eine vergrößerte als auch eine vereinfachte Ansicht des Lebens ist, werden wir feststellen, dass die Komödie uns mehr Informationen zu diesem speziellen Teil unseres Themas liefern kann als das wirkliche Leben. Vielleicht sollten wir die Vereinfachung sogar noch weiter treiben und versuchen, in den Spielen, die uns als Kinder amüsierten, die ersten schwachen Spuren der Kombinationen zu entdecken, die uns als Erwachsene zum Lachen bringen. Wir neigen zu sehr dazu, von unseren Gefühlen der Freude und des Schmerzes zu sprechen, als wären sie von Geburt an erwachsen, als hätte nicht jedes einzelne von ihnen eine eigene Geschichte. Vor allem neigen wir zu sehr dazu, das kindliche Element zu ignorieren, das sozusagen in den meisten unserer freudigen Gefühle steckt. Und doch, wie viele unserer gegenwärtigen Freuden würden, wenn wir sie genau unter die Lupe nähmen, zu nichts weiter als zu Erinnerungen an vergangene Freuden schrumpfen! Was bliebe von vielen unserer Emotionen übrig, wenn wir sie auf das genaue Quantum an reinem Gefühl reduzieren würden, das sie enthalten, indem wir alles abziehen, was nur Erinnerung ist? In der Tat scheint es möglich, dass wir ab einem gewissen Alter unempfänglich für alle neuen oder neuartigen Formen der Freude werden, und die süßesten Freuden des Menschen mittleren Alters sind vielleicht nichts anderes als eine Wiederbelebung der Empfindungen der Kindheit, ein balsamischer Zephir, der in immer schwächeren Atemzügen von einer Vergangenheit herüberweht, die sich immer weiter zurückzieht. Wie auch immer wir diese Frage beantworten, eines ist sicher: Die Kontinuität zwischen der kindlichen Freude am Spiel und der des erwachsenen Menschen kann nicht unterbrochen werden. Nun, die Komödie ist ein Spiel, ein Spiel, das das Leben imitiert. Und da in den

Spielen des Kindes, das mit seinen Puppen und Marionetten arbeitet, viele der Bewegungen durch Fäden erzeugt werden, sollten wir nicht dieselben Fäden, die durch Abnutzung etwas ausgefranst sind, als die Fäden wiederfinden, die die Situationen in einer Komödie miteinander verknoten? Beginnen wir also mit den Spielen eines Kindes und verfolgen wir den unmerklichen Prozess, durch den es, während es selbst wächst, seine Puppen wachsen lässt, ihnen Leben einhaucht und sie schließlich in einen zweideutigen Zustand bringt, in dem sie, ohne aufzuhören, Puppen zu sein, doch zu Menschen geworden sind. So erhalten wir Charaktere vom Typ Komödie. Und an ihnen können wir die Wahrheit des Gesetzes testen, von dem alle unsere vorangegangenen Analysen eine Ahnung gaben, ein Gesetz, nach dem wir alle weitgehend komischen Situationen im Allgemeinen definieren werden. JEDE ANORDNUNG VON HANDLUNGEN UND EREIGNISSEN IST KOMISCH, DIE UNS IN EINER EINZIGEN KOMBINATION DIE ILLUSION VON LEBEN UND DEN DEUTLICHEN EINDRUCK EINER MECHANISCHEN ANORDNUNG VERMITTELT.

1. DER JACK-IN-THE-BOX - Als Kinder haben wir alle mit dem kleinen Mann gespielt, der aus seiner Schachtel springt. Wenn man ihn flach drückt, springt er wieder hoch. Drücken Sie ihn tiefer, und er schießt noch höher hinauf. Quetschen Sie ihn unter dem Deckel ein, und oft wirft er alles umher. Es ist schwer zu sagen, ob das Spielzeug selbst schon sehr alt ist oder nicht, aber die Art des Vergnügens, die es bietet, gehört in alle Zeit. Es ist ein Kampf zwischen zwei widerspenstigen Elementen, von denen das eine, da es einfach mechanisch ist, in der Regel damit endet, dass es dem anderen nachgibt, das es wie ein Spielzeug behandelt. Eine Katze, die mit einer Maus spielt, die sie von Zeit zu Zeit wie eine Feder loslässt, um sie dann mit einem Schlag ihrer Pranke wieder herauszuziehen, vergnügt sich auf dieselbe Weise.

Wir gehen nun zum Theater über und beginnen mit einem Kasperletheater. Kaum hat der Polizist die Bühne betreten, erhält er natürlich einen Schlag, der ihn zu Fall bringt. Er springt auf, ein zweiter Schlag legt ihn flach. Auf eine Wiederholung des Vergehens folgt eine Wiederholung der Bestrafung. Auf und ab hüpft der Wachtmeister mit dem gleichmäßigen Rhythmus des Biegens und Lösens einer Feder, während die Zuschauer immer lauter lachen.

Stellen wir uns nun eine Feder vor, die eher von moralischer Art ist, eine Idee, die zuerst geäußert, dann unterdrückt und dann wieder geäußert wird; ein Strom von Worten, der ausbricht, unterdrückt wird und immer wieder von Neuem beginnt. Einmal mehr haben wir die Vision einer hartnäckigen Kraft, die von einer anderen, ebenso hartnäckigen Kraft konterkariert wird. Diese Vision wird jedoch einen Teil ihrer Materialität abgelegt haben. Es ist nicht mehr das Kasperletheater, das wir sehen, sondern eine echte Komödie.

Viele komische Szenen lassen sich tatsächlich auf diesen einfachen Typus zurückführen. In der Szene der Mariage force zwischen Sganarelle und Pancrace zum Beispiel liegt die gesamte vis comica in dem Konflikt, der zwischen der Idee von Sganarelle, der den Philosophen dazu bringen will, ihm zuzuhören, und der Hartnäckigkeit des Philosophen, einer regelrechten automatisch arbeitenden Sprechmaschine, gesetzt wird. Je weiter die Szene fortschreitet, desto deutlicher wird das Bild des Springbocks, so dass schließlich die Figuren selbst seine Bewegungen übernehmen: Sganarelle stößt Pancrace jedes Mal, wenn er auftaucht, zurück in die Kulissen, und Pancrace kehrt nach jedem Zurückstoßen auf die Bühne zurück, um sein Geplapper fortzusetzen. Und als Sganarelle Pancrace schließlich zurückdrängt und ihn im Haus einsperrt - in der Kiste, möchte man sagen - fliegt plötzlich ein Fenster auf und der Kopf des Philosophen erscheint wieder, als hätte er den Deckel einer Kiste aufgesprengt.

Das gleiche Spielchen findet in der Malade Imaginaire statt. Durch den Mund von Monsieur Purgon schüttet die empörte Ärzteschaft ihre Zornesröhrchen über Argan aus und bedroht ihn mit jeder Krankheit, die dem Fleisch innewohnt. Und jedes Mal, wenn Argan sich von seinem Platz erhebt, als wolle er Purgon zum Schweigen bringen, verschwindet dieser für einen Moment, wird gleichsam in die Kulissen zurückgestoßen, um dann, wie von einer Feder getrieben, mit einem neuen Fluch auf den Lippen wieder auf die Bühne zu kommen. Es ist derselbe Ausruf: "Monsieur Purgon!" wiederholt sich in regelmäßigen Abständen und gibt sozusagen das TEMPO dieser kleinen Szene vor.

Schauen wir uns das Bild der Feder, die gebogen, losgelassen und wieder gebogen wird, genauer an. Lösen wir sein zentrales Element, so stoßen wir auf einen der üblichen Vorgänge in der klassischen Komödie, die Wiederholung.

Warum ist es so, dass die Wiederholung eines Wortes auf der Bühne etwas Komisches hat? Keine Theorie des Lächerlichen scheint eine befriedigende Antwort auf diese sehr einfache Frage zu geben. Es lässt sich auch keine Antwort finden, wenn wir die Erklärung für ein lustiges Wort oder eine lustige Phrase in der Phrase oder dem Wort selbst suchen, abgesehen von allem, was es uns suggeriert. Nirgendwo wird sich die übliche Methode als so unzureichend erweisen wie hier. Abgesehen von einigen besonderen Fällen, auf die wir später noch zurückkommen werden, ist die Wiederholung eines Wortes an sich niemals zum Lachen. Sie bringt uns nur deshalb zum Lachen, weil sie ein besonderes Spiel der moralischen Elemente symbolisiert, wobei dieses Spiel selbst das Symbol einer ganz und gar materiellen Abwechslung ist. Es ist das Ablenkungsmanöver der Katze mit der Maus, das Ablenkungsmanöver des Kindes, das den Dosenöffner immer wieder auf den Boden seiner Schachtel zurückschiebt, aber in einer verfeinerten und vergeistigten Form, übertragen auf das Reich der Gefühle und Ideen. Lassen Sie uns nun das Gesetz darlegen, das unserer Meinung nach die wichtigsten komischen Varianten der Wortwiederholung auf der Bühne definiert: IN EINER KOMISCHEN WORTWIEDERHOLUNG FINDEN WIR IM ALLGEMEINEN ZWEI TERMINE: EIN VERDRÄNGTES GEFÜHL, DAS SICH WIE EINE FEDER ENTLÄDT, UND EINE IDEE, DIE SICH DARAN ERFREUT, DAS GEFÜHL ERNEUT ZU VERDRÄNGEN.

Als Dorine Orgon von der Krankheit seiner Frau erzählt und dieser ihn immer wieder mit Erkundigungen über den Gesundheitszustand von Tartuffe unterbricht, ist die Frage: "Et tartuffe?", die alle paar Augenblicke wiederholt wird, vermittelt uns das deutliche Gefühl, dass eine Quelle freigesetzt wird. Diese Quelle stößt Dorine jedes Mal mit Vergnügen zurück, wenn sie ihren Bericht über Elmires Krankheit wieder aufnimmt. Und als Scapin dem alten Geronte mitteilt, dass sein Sohn auf der berühmten Galeere gefangen genommen wurde und dass unverzüglich ein Lösegeld gezahlt werden muss, spielt er mit dem Geiz von Geronte genauso wie Dorine mit der Verliebtheit von Orgon. Kaum ist der Geiz des alten Mannes unterdrückt, kommt er automatisch wieder hoch, und es ist dieser Automatismus, den Moliere durch die mechanische Wiederholung eines Satzes andeuten will, in dem er sein Bedauern über das Geld ausdrückt, das er aufbringen muss: "Was zum Teufel wollte er in dieser Galeere?" Dieselbe Kritik gilt für die Szene, in der Valere Harpagon auf das Unrecht hinweist, das er begehen würde, wenn er seine Tochter mit einem Mann verheiraten würde, den sie nicht liebt. "Keine Mitgift erwünscht!", unterbricht der geizige Harpagon alle paar Augenblicke. Hinter diesem Ausruf, der sich automatisch wiederholt, erkennen wir ganz schwach ein komplettes Set von Wiederholungsmaschinen, die einer festen Idee folgen.

Manchmal ist dieser Mechanismus weniger leicht zu erkennen, und hier stoßen wir auf eine neue Schwierigkeit in der Theorie des Komischen. Manchmal liegt das ganze Interesse einer Szene darin, dass eine Figur eine

Doppelrolle spielt, wobei der dazwischenliegende Sprecher sozusagen nur als Prisma fungiert, durch das die doppelte Persönlichkeit entwickelt wird. Wir laufen also Gefahr, in die Irre zu gehen, wenn wir das Geheimnis der Wirkung in dem suchen, was wir sehen und hören, also in der äußeren Szene, die von den Figuren gespielt wird, und nicht in der ganz und gar inneren Komödie, von der diese Szene nur die äußere Brechung ist. Wenn Alceste zum Beispiel auf die Frage von Oronte, ob er seine Gedichte schlecht findet, stur die Worte "Das sage ich nicht!" wiederholt, ist die Wiederholung lächerlich, obwohl Oronte jetzt offensichtlich nicht mit Alceste das Spiel spielt, das wir gerade beschrieben haben. Wir müssen jedoch vorsichtig sein, denn in Wirklichkeit haben wir es bei Alceste mit zwei Männern zu tun: auf der einen Seite der "Misanthrop", der sich geschworen hat, fortan die Dinge beim Namen zu nennen, und auf der anderen Seite der Gentleman, der die üblichen Formen der Höflichkeit nicht im Handumdrehen verlernen kann, oder vielleicht sogar nur der ehrliche Kerl, der, wenn er aufgefordert wird, seine Worte in die Tat umzusetzen, davor zurückschreckt, das Selbstwertgefühl eines anderen zu verletzen oder seine Gefühle zu verletzen. Die eigentliche Szene spielt sich also nicht zwischen Alceste und Oronte ab, sondern zwischen Alceste und sich selbst. Der eine würde Alceste gerne die Wahrheit sagen, und der andere hält ihm den Mund zu, als er gerade im Begriff ist, alles zu sagen. Jedes "Das sage ich nicht!" verrät eine wachsende Anstrengung, etwas zu unterdrücken, das nach außen drängt. Und so wird der Tonfall, in dem der Satz geäußert wird, immer heftiger, Alceste wird immer wütender - nicht auf Oronte, wie er denkt, sondern auf sich selbst. Die Spannung der Quelle wird ständig erneuert und verstärkt, bis sie sich schließlich mit einem Knall entlädt. Hier, wie auch anderswo, haben wir es mit demselben identischen Mechanismus der Wiederholung zu tun.

Wenn ein Mann den Entschluss fasst, nie wieder etwas zu sagen, was er nicht denkt, auch wenn er sich "offen gegen die gesamte Spezies der Menschen stellt", ist das nicht unbedingt lächerlich, sondern nur eine Phase des Lebens in seiner besten und höchsten Form. Dass ein anderer Mensch aus Freundlichkeit, Egoismus oder Verachtung lieber den Menschen schmeichelt, ist nur eine andere Phase des Lebens; es gibt nichts, was uns zum Lachen bringt. Sie können diese beiden Männer sogar zu einem einzigen zusammenfassen und dafür sorgen, dass der Einzelne zwischen beleidigender Offenheit und trügerischer Höflichkeit schwankt. Dieses Duell zwischen zwei gegensätzlichen Gefühlen wird nicht einmal dann komisch sein, sondern es wird als das Wesen der Ernsthaftigkeit erscheinen, wenn diese beiden Gefühle durch ihre Verschiedenheit einander ergänzen, sich nebeneinander entwickeln und zwischen ihnen eine zusammengesetzte geistige Kondition bilden, kurz gesagt, einen Modus vivendi annehmen, der uns lediglich den komplexen Eindruck des Lebens vermittelt. Aber stellen Sie sich diese beiden Gefühle als unelastische und unveränderliche Elemente in einem wirklich lebenden Menschen vor, lassen Sie ihn von einem zum anderen schwanken; sorgen Sie vor allem dafür, dass dieses Schwanken völlig mechanisch wird, indem es die bekannte Form einer gewohnheitsmäßigen, einfachen, kindlichen Vorrichtung annimmt: dann erhalten Sie das Bild, das wir bisher in allen lächerlichen Objekten gefunden haben: etwas Mechanisches in etwas Lebendigem, in der Tat etwas Komisches.

Wir haben uns mit diesem ersten Bild, dem Schachtelmännchen, hinreichend beschäftigt, um zu zeigen, wie die komische Fantasie einen materiellen Mechanismus allmählich in einen moralischen umwandelt. Nun werden wir uns ein oder zwei andere Spiele ansehen und uns dabei auf ihre markantesten Aspekte beschränken.

2. DER TANZENDE HAKEN: Es gibt unzählige Komödien, in denen eine der Figuren glaubt, frei zu sprechen und zu handeln und folglich alles Wesentliche des Lebens beibehält, während sie von einem bestimmten Standpunkt aus betrachtet wie ein bloßes Spielzeug in den Händen eines anderen erscheint, der mit ihr spielt. Der Übergang ist leicht zu vollziehen, von der Tänzerin, die ein Kind mit einer Schnur bedient, zu Geronte und Argante, die von Scapin manipuliert werden. Hören Sie auf Scapin selbst: "Die MASCHINE ist ganz da"; und weiter: "Die Vorsehung hat sie in mein Netz geführt", usw. Instinktiv und weil man lieber ein Betrüger ist, als betrogen zu werden, jedenfalls in der Phantasie, stellt sich der Zuschauer auf die Seite der Schurken; und für den Rest der Zeit nimmt er, wie ein Kind, das seinen Spielkameraden überredet hat, ihm seine Puppe zu leihen, selbst die Fäden in die Hand und lässt die Marionette auf der Bühne kommen und gehen, wie es ihm gefällt. Aber diese letzte Bedingung ist nicht unbedingt notwendig. Wir können uns dem Geschehen entziehen, wenn wir nur den Eindruck einer mechanischen Anordnung behalten. Das passiert immer dann, wenn eine der Figuren zwischen zwei gegensätzlichen Meinungen schwankt, von denen jede an sie appelliert, wie bei Panurge, der Tom, Dick und Harry fragt, ob er heiraten soll oder nicht. Beachten Sie, dass ein Comic-Autor in einem solchen Fall immer darauf achtet, die beiden gegensätzlichen Entscheidungen zu PERSÖNLICHEN. Denn wenn es keinen Zuschauer gibt, muss es auf jeden Fall Schauspieler geben, die die Fäden in der Hand halten.

Alles, was im Leben ernst ist, kommt von unserer Freiheit. Die Gefühle, die in uns gereift sind, die Leidenschaften, über die wir gebrütet haben, die Handlungen, die wir abgewogen, beschlossen und durchgeführt haben, kurz gesagt, alles, was von uns kommt und uns eigen ist, das sind die Dinge, die dem Leben seinen oft dramatischen und im Allgemeinen ernsten Aspekt verleihen. Was braucht es also, um dies alles in eine Komödie zu verwandeln? Lediglich die Vorstellung, dass sich hinter unserer scheinbaren Freiheit die Fäden eines Tänzerjacks verbergen und dass wir, wie der Dichter sagt,

... demütige Marionetten, deren Drähte vom Schicksal gezogen werden. *[Anmerkung: ... d'humbles marionnettes Dont le fil est aux mains de la Necessite. SULLY-PRUDHOMME.]*

Es gibt also keine reale, ernste oder gar dramatische Szene, die die Phantasie nicht komisch machen könnte, indem sie einfach dieses Bild hervorruft. Und es gibt auch kein Spiel, für das ein größeres Feld offen steht.

3. DER SCHNEEBALL: Je weiter wir in dieser Untersuchung der Methoden der Komödie fortschreiten, desto deutlicher sehen wir die Rolle, die die Erinnerungen der Kindheit spielen. Diese Erinnerungen beziehen sich vielleicht weniger auf ein bestimmtes Spiel als auf den mechanischen Mechanismus, den dieses Spiel darstellt. Der gleiche allgemeine Mechanismus kann außerdem in sehr unterschiedlichen Spielen vorkommen, so wie der gleiche Operngesang in vielen verschiedenen Arrangements und Variationen zu finden ist. Was hier von Bedeutung ist und im Gedächtnis bleibt, was in unmerklichen Schritten von den Spielen eines Kindes zu denen eines Mannes übergeht, ist das mentale Diagramm, das Grundgerüst der Kombination, oder, wenn Sie so wollen, die abstrakte Formel, von der diese Spiele besondere Illustrationen sind. Nehmen Sie zum Beispiel die rollende Schneekugel, die immer größer wird, je weiter sie sich bewegt. Wir könnten uns genauso gut vorstellen, dass Spielzeugsoldaten hintereinander stehen. Wenn Sie den ersten schubsen, fällt er auf den zweiten, dieser stößt den dritten um, und die Lage wird immer schlimmer, bis alle auf dem Boden liegen. Oder nehmen Sie ein Kartenhaus, das mit unendlicher Sorgfalt aufgebaut wurde: Das erste, das Sie berühren, scheint unsicher zu sein, ob es sich bewegen soll oder nicht, sein wackelnder Nachbar entscheidet sich schneller, und das Werk der Zerstörung, das immer mehr an Schwung gewinnt, stürzt schließlich kopfüber in sich zusammen.

Diese Beispiele sind alle unterschiedlich, aber sie vermitteln dieselbe abstrakte Vision, nämlich die einer Wirkung, die durch eine arithmetische Progression wächst, so dass die Ursache, die am Anfang unbedeutend ist, durch

eine notwendige Entwicklung in einem ebenso wichtigen wie unerwarteten
Ergebnis gipfelt. Wenn wir nun ein Bilderbuch für Kinder aufschlagen, werden wir feststellen, dass dieses Arrangement bereits auf dem besten Weg ist,
komisch zu werden. Hier zum Beispiel - in einem der zufällig aufgeschlage-
nen Comic-Bücher - stürmt ein Anrufer gewaltsam in einen Salon; er stößt
gegen eine Dame, die ihre Tasse Tee über einen alten Herrn kippt, der gegen
eine Glasscheibe ausrutscht, die auf der Straße auf den Kopf eines Wacht-
meisters fällt, der die gesamte Polizei in Aufregung versetzt, usw. Das gleiche Arrangement taucht in vielen Bildern auf, die für Erwachsene gedacht
sind. In den "Geschichten ohne Worte", die von humoristischen Künstlern
entworfen werden, sehen wir oft einen Gegenstand, der sich von Ort zu Ort
bewegt, und Personen, die eng mit ihm verbunden sind, so dass eine Veränderung der Position des Gegenstandes in einer Reihe von Szenen mechanisch immer gravierendere Veränderungen in der Situation der Personen
bewirkt. Wenden wir uns nun der Komödie zu. Viele lustige Szenen, ja sogar
viele Komödien, lassen sich auf diesen einfachen Typus zurückführen. Lesen
Sie die Rede von Chicanneau in den Plaideurs: Hier finden wir Prozesse in
Prozessen, und der Mechanismus funktioniert immer schneller - Racine
erzeugt in uns das Gefühl einer zunehmenden Beschleunigung, indem er
seine Rechtsbegriffe immer enger aneinander drängt - bis der Rechtsstreit
um einen Heuballen den Kläger den größten Teil seines Vermögens kostet.
Die gleiche Anordnung findet sich auch in einigen Szenen von Don Quijote,
zum Beispiel in der Szene im Gasthaus, wo der Maultiertreiber durch eine
außergewöhnliche Verkettung von Umständen Sancho schlägt, der Maritor-
nes beschimpft, woraufhin der Gastwirt auf ihn losgeht, usw. Kommen wir
nun zur leichten Komödie von heute. Müssen wir uns alle Formen in Erinnerung rufen, in denen dieselbe Kombination auftritt? Es gibt eine, die ziemlich häufig vorkommt. Zum Beispiel ist eine bestimmte Sache, z.B. ein
Brief, für eine bestimmte Person von größter Bedeutung und muss um jeden
Preis wiedergefunden werden. Dieses Ding, das immer genau dann verschwindet, wenn Sie glauben, es erwischt zu haben, zieht sich durch das
ganze Stück und "rollt" im Laufe des Stücks immer ernstere und unerwartete
Zwischenfälle auf. All dies ähnelt viel mehr einem Kinderspiel, als es auf
den ersten Blick scheint. Der Effekt, der hier erzeugt wird, ist der eines
Snowballs.

     Es ist das Merkmal einer mechanischen Kombination, dass sie im Allge-
meinen UMKEHRBAR ist. Ein Kind freut sich, wenn es sieht, wie die Kugel
bei einem Kegelspiel alles umwirft, was sich ihr in den Weg stellt, und

Chaos in alle Richtungen verbreitet; es lacht lauter als je zuvor, wenn die Kugel nach Drehungen und Schwankungen aller Art an ihren Ausgangspunkt zurückkehrt. Mit anderen Worten, der soeben beschriebene Mechanismus ist schon lächerlich, wenn er geradlinig ist, aber er ist es noch viel mehr, wenn er kreisförmig wird und wenn jede Anstrengung des Spielers durch eine fatale Wechselwirkung von Ursache und Wirkung lediglich dazu führt, dass er an denselben Ort zurückkehrt. Nun, eine beträchtliche Anzahl von leichten Komödien dreht sich um diese Idee. Ein italienischer Strohhut wurde von einem Pferd aufgefressen. *(Anmerkung: Un Chapeau de paille d'Italie (Labiche))* In ganz Paris gibt es nur einen einzigen ähnlichen Hut; er MUSS um jeden Preis sichergestellt werden. Dieser Hut, der immer in dem Moment verschwindet, in dem seine Ergreifung unvermeidlich scheint, hält den Hauptdarsteller auf der Flucht und durch ihn all die anderen, die sozusagen an seinem Frack hängen, wie ein Magnet, der durch eine Reihe von Anziehungskräften die Körner von Eisenspänen, die aneinander hängen, mit sich zieht. Und wenn nach allerlei Schwierigkeiten endlich das Ziel in Sicht ist, stellt sich heraus, dass der so eifrig gesuchte Hut genau derjenige ist, den man gegessen hat. Die gleiche Entdeckungsreise wird in einer anderen, ebenso bekannten Komödie von Labiche dargestellt. [Der Vorhang hebt sich über einen alten Junggesellen und eine alte Jungfer, langjährige Bekannte, die gerade ihr tägliches Gummi genießen. Jeder von ihnen hat sich, ohne dass der andere es weiß, an dieselbe Heiratsvermittlung gewandt. Durch zahllose Schwierigkeiten, ein Missgeschick jagt das nächste, eilen sie Seite an Seite durch das Stück bis zu dem Gespräch, das sie schlicht und einfach wieder zueinander führt. Wir haben den gleichen kreisförmigen Effekt, die gleiche Rückkehr zum Ausgangspunkt, in einem neueren Stück. *[Anmerkung: Les Surprises du divorce (Die Überraschungen der Scheidung)*. Ein geiziger Ehemann glaubt, er sei durch die Scheidung aus den Fängen seiner Frau und seiner Schwiegermutter entkommen. Er heiratet erneut, und siehe da, die doppelte Kombination von Heirat und Scheidung bringt ihm seine frühere Frau in der verschärften Form einer zweiten Schwiegermutter zurück!

Wenn man bedenkt, wie intensiv und häufig diese Art von Komödie ist, versteht man, warum sie die Phantasie einiger Philosophen fasziniert hat. Ein großes Stück des Weges zurückzulegen, nur um dann unwissentlich zum Ausgangspunkt zurückzukehren, bedeutet eine große Anstrengung für ein Ergebnis, das nicht vorhanden ist. Wir könnten also versucht sein, das Komische auf diese Art zu definieren. Und in der Tat scheint dies die Idee von Herbert Spencer zu sein: Ihm zufolge ist das Lachen das Zeichen für eine

Anstrengung, die plötzlich auf eine Leere stößt. Schon Kant hatte etwas
Ähnliches gesagt: "Das Lachen ist die Folge einer Erwartung, die plötzlich
im Nichts endet." Zweifelsohne würden diese Definitionen auf die zuletzt
genannten Beispiele zutreffen, obwohl die Formel selbst dann noch diverse
Einschränkungen benötigt, denn oft unternehmen wir eine unwirksame
Anstrengung, die in keiner Weise zum Lachen anregt. Während die letzten
Beispiele jedoch eine große Ursache illustrieren, die zu einer kleinen Wirkung führt, haben wir unmittelbar zuvor andere Beispiele angeführt, die
umgekehrt als eine große Wirkung definiert werden könnten, die einer kleinen Ursache entspringt. Die Wahrheit ist, dass diese zweite Definition kaum
mehr Gültigkeit hat als die erste. Das Missverhältnis zwischen Ursache und
Wirkung, ob es nun in der einen oder in der anderen Form auftritt, ist nie die
direkte Ursache des Lachens. Worüber wir lachen, ist etwas, das dieser Mangel an Proportion in bestimmten Fällen offenbaren kann, nämlich eine
bestimmte mechanische Anordnung, die es uns wie durch ein Glas auf der
Rückseite der Reihe von Wirkungen und Ursachen offenbart. Wenn Sie diese
Anordnung außer Acht lassen, verlieren Sie den einzigen Anhaltspunkt, der
Sie durch das Labyrinth des Komischen führen kann. Jede Hypothese, die
Sie sonst wählen würden, ist zwar möglicherweise auf einige wenige, sorgfältig ausgewählte Fälle anwendbar, kann aber jeden Moment von dem ers-
ten unpassenden Fall getroffen und umgestoßen werden.

Aber warum ist es so, dass wir über dieses mechanische Arrangement
lachen? Es ist zweifellos seltsam, dass die Geschichte einer Person oder
einer Gruppe manchmal wie ein Spiel erscheint, das mit Fäden, Zahnrädern
oder Federn funktioniert; aber woher rührt der besondere Charakter dieser
Seltsamkeit? Was ist es, das sie lächerlich macht? Auf diese Frage, die wir
bereits in verschiedenen Formen gestellt haben, muss unsere Antwort immer
die gleiche sein. Der starre Mechanismus, den wir gelegentlich wie einen
Fremdkörper in der lebendigen Kontinuität der menschlichen Angelegenheiten entdecken, ist für uns von besonderem Interesse, da er eine Art
ABSENTMINDEDNESS des Lebens darstellt. Wären die Ereignisse unaufhörlich auf ihren eigenen Lauf bedacht, gäbe es keine Zufälle, keine Kon-
junktionen und keine zirkulären Reihen; alles würde sich kontinuierlich entwickeln und fortschreiten. Und wenn alle Menschen immer aufmerksam auf
das Leben wären, wenn wir ständig in Kontakt mit anderen und mit uns
selbst stünden, dann würde nichts in uns jemals so erscheinen, als sei es das
Werk von Fäden oder Quellen. Das Komische ist die Seite eines Menschen,
die seine Ähnlichkeit mit einer Sache offenbart, der Aspekt des menschli-

chen Geschehens, der durch seine eigentümliche Unelastizität den Eindruck eines reinen Mechanismus, eines Automatismus, einer Bewegung ohne Leben vermittelt. Folglich drückt es eine individuelle oder kollektive Unvollkommenheit aus, die nach einem sofortigen Korrektiv verlangt. Dieses Korrektiv ist das Lachen, eine soziale Geste, die eine besondere Art von Zerstreutheit bei Menschen und Ereignissen hervorhebt und verdrängt.

Aber das wiederum verleitet uns dazu, weitere Untersuchungen anzustellen. Bislang haben wir unsere Zeit damit verbracht, in den Ablenkungen des erwachsenen Mannes jene mechanischen Kombinationen wiederzuentdecken, die ihn als Kind amüsiert haben. Unsere Methoden waren in der Tat völlig empirisch. Lassen Sie uns nun versuchen, eine vollständige und methodische Theorie aufzustellen, indem wir sozusagen an der Quelle die unveränderlichen und einfachen Archetypen der vielfältigen und vergänglichen Praktiken der komischen Bühne suchen. Die Komödie, so haben wir gesagt, verbindet Ereignisse, um einen Mechanismus in die äußeren Formen des Lebens einzuführen. Stellen wir nun fest, in welchen wesentlichen Merkmalen sich das Leben, von außen betrachtet, vom bloßen Mechanismus zu unterscheiden scheint. Wir müssen uns dann nur noch den entgegengesetzten Merkmalen zuwenden, um die abstrakte Formel, diesmal eine allgemeine und vollständige, für jede reale und mögliche Methode der Komödie zu entdecken.

Das Leben präsentiert sich uns als Evolution in der Zeit und als Komplexität im Raum. In der Zeit betrachtet, ist es die kontinuierliche Entwicklung eines Wesens, das immer älter wird; es macht nie Rückschritte und wiederholt nichts. Im Raum betrachtet, zeigt es bestimmte koexistierende Elemente, die so eng miteinander verflochten und so ausschließlich füreinander geschaffen sind, dass kein einziges von ihnen gleichzeitig zu zwei verschiedenen Organismen gehören könnte: Jedes Lebewesen ist ein geschlossenes System von Phänomenen, das nicht in der Lage ist, sich mit anderen Systemen zu vermischen. Ein ständiger Wechsel des Aussehens, die Unumkehrbarkeit der Ordnung der Phänomene, die vollkommene Individualität einer vollkommen in sich geschlossenen Reihe: das sind also die äußeren Merkmale - ob real oder scheinbar, ist von geringer Bedeutung -, die das Lebendige vom bloß Mechanischen unterscheiden. Nehmen wir das Gegenstück zu jeder dieser Eigenschaften: Wir erhalten drei Prozesse, die man als WIEDERHOLUNG, INVERSION und REKIPROKALE INTERFERENZ VON SERIEN bezeichnen könnte. Nun, es ist leicht zu erkennen, dass dies auch die Methoden der Lichtkomödie sind und dass keine anderen möglich sind.

In der Tat könnten wir sie als Bestandteile von unterschiedlicher Bedeutung in der Komposition aller Szenen entdecken, die wir gerade betrachtet haben, und erst recht in den Kinderspielen, deren Mechanismus sie nachahmen. Die erforderliche Analyse würde uns jedoch zu lange aufhalten, und es ist vorteilhafter, sie in ihrer Reinheit anhand neuer Beispiele zu studieren. Nichts könnte einfacher sein, denn in ihrer reinen Form sind sie sowohl in der klassischen Komödie als auch in zeitgenössischen Stücken zu finden.

1. WIEDERHOLUNG: Unser heutiges Problem befasst sich nicht mehr, wie das vorangegangene, mit einem Wort oder einem Satz, der von einem Individuum wiederholt wird, sondern mit einer Situation, d.h. einer Kombination von Umständen, die in ihrer ursprünglichen Form mehrmals wiederkehrt und sich so vom wechselnden Strom des Lebens abhebt. Die alltägliche Erfahrung liefert uns diese Art des Komischen, wenn auch nur in Ansätzen. So treffen Sie auf der Straße einen Freund, den Sie seit einer Ewigkeit nicht mehr gesehen haben; an der Situation ist nichts Komisches. Wenn Sie ihn jedoch am selben Tag wiedersehen und dann noch ein drittes und ein viertes Mal, können Sie über den "Zufall" lachen. Stellen Sie sich nun eine Reihe von imaginären Ereignissen vor, die dem Leben einigermaßen gerecht werden, und stellen Sie sich innerhalb dieser sich ständig verändernden Reihe ein und dieselbe Szene vor, die entweder von denselben oder von verschiedenen Personen wiedergegeben wird: Auch hier haben Sie einen Zufall, wenn auch einen weitaus außergewöhnlicheren.

Das sind die Wiederholungen, die auf der Bühne stattfinden. Sie sind umso lächerlicher, je komplexer die wiederholte Szene ist und je natürlicher sie eingeführt wird - zwei Bedingungen, die sich gegenseitig auszuschließen scheinen und die der Autor eines Theaterstücks geschickt genug sein muss, um sie miteinander zu vereinbaren.

Die zeitgenössische leichte Komödie wendet diese Methode in jeder Form an. Eines der bekanntesten Beispiele besteht darin, eine Gruppe von Figuren Akt für Akt in die unterschiedlichsten Umgebungen zu bringen, um unter immer neuen Umständen ein und dieselbe Reihe von Ereignissen oder Unfällen mehr oder weniger symmetrisch zu wiederholen.

In mehreren Stücken von Molière finden wir ein und dasselbe Arrangement von Ereignissen, das sich vom Anfang bis zum Ende der Komödie durchzieht. So ist die Ecole des femmes nichts anderes, als eine einzige Begebenheit in drei Tempi zu reproduzieren und zu wiederholen: Erstes Tempo, Horace erzählt Arnolphe von dem Plan, den er sich ausgedacht hat, um Agnes' Vormund zu täuschen, der sich als Arnolphe selbst entpuppt;

zweites Tempo, Arnolphe glaubt, den Schachzug schachmatt gesetzt zu haben; drittes Tempo, Agnes sorgt dafür, dass Horace in den vollen Genuss der Vorsichtsmaßnahmen von Arnolphe kommt. Die gleiche symmetrische Wiederholung gibt es in der Ecole des marts, in L'Etourdi und vor allem in George Dandin, wo man den gleichen Effekt in drei Tempi wiederfindet: erstes Tempo, George Dandin entdeckt, dass seine Frau untreu ist; zweites Tempo, er ruft seinen Vater und seine Schwiegermutter zu Hilfe; drittes Tempo, es ist schließlich George Dandin selbst, der sich entschuldigen muss.

Manchmal wird dieselbe Szene mit Gruppen verschiedener Charaktere nachgespielt. Dann kommt es nicht selten vor, dass die erste Gruppe aus Herrschaften und die zweite aus Dienern besteht. Letztere wiederholen in einer anderen Tonart eine Szene, die bereits von den Ersteren gespielt wurde, wobei die Wiedergabe natürlich weniger raffiniert ist. Ein Teil des Depit amoureux ist nach diesem Schema aufgebaut, ebenso wie das Amphitryon. In einer amüsanten kleinen Komödie von Benedix, Der Eigensinn, ist die Reihenfolge umgekehrt: Wir haben die Herren, die eine Szene der Sturheit wiedergeben, in der ihre Diener das Beispiel gegeben haben.

Aber ganz unabhängig von den Figuren, die als Aufhänger für die Anordnung symmetrischer Situationen dienen, scheint es eine große Kluft zwischen der klassischen Komödie und dem Theater von heute zu geben. Beide zielen darauf ab, eine gewisse mathematische Ordnung in die Ereignisse zu bringen, ohne dabei den Aspekt der Wahrscheinlichkeit, d.h. des Lebens, zu vernachlässigen. Aber die Mittel, die sie einsetzen, sind unterschiedlich. Die meisten leichten Komödien unserer Tage versuchen, den Geist des Zuschauers direkt zu hypnotisieren. Denn wie außergewöhnlich der Zufall auch sein mag, er wird allein dadurch akzeptabel, dass er akzeptiert wird; und wir akzeptieren ihn, wenn wir allmählich auf seine Aufnahme vorbereitet wurden. So verfahren die zeitgenössischen Autoren oft. In Molieres Stücken hingegen ist es die Stimmung der Personen auf der Bühne, nicht die des Publikums, die die Wiederholung natürlich erscheinen lässt. Jede der Figuren stellt eine bestimmte Kraft dar, die in eine bestimmte Richtung wirkt, und es ist die Tatsache, dass diese Kräfte, die in ihrer Richtung konstant sind, sich notwendigerweise auf die gleiche Weise miteinander verbinden, die dazu führt, dass dieselbe Situation reproduziert wird. So gesehen ist die Situationskomik mit der Charakterkomik verwandt. Sie verdient es, klassisch genannt zu werden, wenn klassische Kunst tatsächlich diejenige ist, die nicht den Anspruch erhebt, von der Wirkung mehr abzuleiten, als sie in die Ursache gesteckt hat.

2. Umkehrung: Diese zweite Methode hat so viel Ähnlichkeit mit der ersten, dass wir sie lediglich definieren, ohne auf Illustrationen zu bestehen. Stellen Sie sich bestimmte Figuren in einer bestimmten Situation vor: Wenn Sie die Situation umkehren und die Rollen vertauschen, erhalten Sie eine komische Szene. Die doppelte Rettungsszene in Le Voyage de M. Perrichon gehört zu dieser Klasse. *[Anmerkung: Labiche, "Le Voyage de M. Perrichon"]* Es ist jedoch nicht notwendig, dass uns beide identischen Szenen vorgespielt werden. Man kann uns auch nur eine zeigen, vorausgesetzt, die andere ist wirklich in unserem Kopf. So lachen wir über den Gefangenen auf der Anklagebank, der den Richter belehrt; über ein Kind, das sich anmaßt, seine Eltern zu belehren; mit einem Wort, über alles, was unter den Begriff "Topsyturvydom" fällt. Nicht selten stellt die Komödie eine Figur vor, die eine Kutsche aufstellt, in der sie als erste gefangen wird. Die Handlung des Bösewichts, der Opfer seiner eigenen Schurkerei wird, oder des Betrügers, der betrogen wird, gehört zum Handwerkszeug vieler Theaterstücke. Wir finden dies sogar in der primitiven Farce. Der Anwalt Pathelin verrät seinem Klienten einen Trick, um den Richter zu überlisten; der Klient wendet den gleichen Trick an, um den Anwalt nicht bezahlen zu müssen. Eine zänkische Ehefrau besteht darauf, dass ihr Mann die gesamte Hausarbeit erledigt; sie hat jeden einzelnen Posten auf einem "Dienstplan" notiert. Wenn sie nun in eine Bulle fällt, wird ihr Mann sich weigern, sie herauszuziehen, denn "das steht nicht auf seinem 'Dienstplan'." In der modernen Literatur finden wir Hunderte von Variationen des Themas des ausgeraubten Räubers. In jedem Fall geht es um eine Umkehrung der Rollen und um eine Situation, die auf den Kopf des Autors zurückfällt.

Hier scheint sich ein Gesetz zu bestätigen, für das wir bereits einige Beispiele angeführt haben. Wenn eine komische Szene mehrmals nachgespielt wurde, erreicht sie das Stadium eines klassischen Typs oder Modells. Sie wird an sich amüsant, ganz unabhängig von den Ursachen, die sie amüsant machen. Von nun an können neue Szenen, die de jure nicht komisch sind, aufgrund ihrer teilweisen Ähnlichkeit mit diesem Modell de facto amüsant werden. Sie rufen in unserem Kopf ein mehr oder weniger verworrenes Bild hervor, von dem wir wissen, dass es komisch ist. Sie gehören zu einer Kategorie, die einen offiziell anerkannten Typus des Komischen darstellt. Die Szene des "ausgeraubten Räubers" gehört zu dieser Klasse. Es wirft über eine Vielzahl anderer Szenen einen Spiegel des komischen Elements, das es enthält. Letztlich macht es jedes Missgeschick, das einem durch eigenes Verschulden widerfährt, komisch, ganz gleich, um welchen Fehler oder welches

Missgeschick es sich handelt - ja, eine Anspielung auf dieses Missgeschick, ein einziges Wort, das daran erinnert, genügt. Die Redewendung "Das geschieht Ihnen recht, George Dandin" hätte nichts Amüsantes an sich, wäre da nicht der komische Unterton, der sie aufgreift und wiedergibt.

3. Wir haben uns ausführlich mit der Wiederholung und der Umkehrung befasst; jetzt kommen wir zur gegenseitigen Interferenz *[Anmerkung: Das Wort "Interferenz" hat hier die Bedeutung, die ihm in der Optik gegeben wird, wo es die teilweise Überlagerung und gegenseitige Neutralisierung zweier Serien von Lichtwellen bezeichnet]* von Serien. Dies ist ein komischer Effekt, dessen genaue Formel aufgrund der außerordentlichen Vielfalt der Formen, in denen er auf der Bühne auftritt, sehr schwer zu entschlüsseln ist. Vielleicht könnte man es wie folgt definieren: Eine Situation ist immer dann komisch, wenn sie gleichzeitig zu zwei völlig unabhängigen Reihen von Ereignissen gehört und gleichzeitig in zwei völlig unterschiedlichen Bedeutungen interpretiert werden kann.

Sie werden sofort an eine zweideutige Situation denken. Und die zweideutige Situation ist in der Tat eine, die gleichzeitig zwei verschiedene Bedeutungen zulässt, eine rein plausible, die von den Schauspielern vorgebracht wird, und eine echte, die vom Publikum gegeben wird. Wir sehen die wirkliche Bedeutung der Situation, weil darauf geachtet wurde, uns alle Aspekte der Situation zu zeigen. Aber jeder der Akteure kennt nur einen dieser Aspekte: daher die Fehler, die sie machen, und die falschen Urteile, die sie sowohl über das, was um sie herum geschieht, als auch über das, was sie selbst tun, abgeben. Wir gehen von diesem falschen Urteil zum richtigen über, wir schwanken zwischen der möglichen Bedeutung und der wirklichen, und es ist dieses geistige Hin und Her zwischen zwei gegensätzlichen Interpretationen, das sich zunächst in dem Genuss zeigt, den wir aus einer zweideutigen Situation ziehen. Es ist nur natürlich, dass bestimmte Philosophen von dieser geistigen Instabilität besonders beeindruckt waren und dass einige von ihnen das Wesen des Lächerlichen in der Kollision oder dem Zusammentreffen zweier einander widersprechender Urteile sehen. Ihre Definition ist jedoch weit davon entfernt, auf jeden Fall zuzutreffen, und selbst wenn sie es tut, definiert sie nicht das Prinzip des Lächerlichen, sondern nur eine seiner mehr oder weniger entfernten Konsequenzen. Es ist in der Tat leicht zu erkennen, dass das inszenierte Missverständnis nichts anderes als ein besonderer Fall eines weitaus allgemeineren Phänomens ist, nämlich der gegenseitigen Beeinflussung unabhängiger Serien, und dass es zudem nicht an sich lächerlich ist, sondern nur als Zeichen einer solchen Beeinflussung.

In der Tat hat jede der Figuren in jedem inszenierten Missverständnis
ihren Platz in einer entsprechenden Reihe von Ereignissen, die sie für sich
selbst richtig interpretiert und die ihren Worten und Handlungen den Grundton geben. Jede der Serien, die den verschiedenen Charakteren eigen ist, entwickelt sich unabhängig voneinander, aber in einem bestimmten Moment
treffen sie unter solchen Bedingungen aufeinander, dass die Handlungen und
Worte, die zu dem einen gehören, genauso gut zu einem anderen gehören
könnten. Daraus ergeben sich die Missverständnisse und die Zweideutigkeit
der Situation. Aber letzteres ist nicht an sich lächerlich, es ist es nur, weil es
die Koinzidenz der beiden unabhängigen Serien offenbart. Der Beweis dafür
liegt in der Tatsache, dass der Autor seinen Einfallsreichtum ständig anstren-
gen muss, um unsere Aufmerksamkeit auf die doppelte Tatsache von Unab-
hängigkeit und Koinzidenz zu lenken. Dies gelingt ihm in der Regel, indem
er die vergebliche Drohung, die Partnerschaft zwischen den beiden zusam-
menfallenden Serien aufzulösen, immer wieder erneuert. Jeden Moment
droht das Ganze zusammenzubrechen, aber es gelingt ihm, sich wieder
zusammenzuflicken. Es ist diese Ablenkung, die uns zum Lachen bringt, viel
mehr als das Schwanken des Geistes zwischen zwei widersprüchlichen
Ideen. Es bringt uns zum Lachen, weil es uns die wechselseitige Beeinflussung zweier unabhängiger Reihen offenbart, die eigentliche Quelle des
komischen Effekts.

Das inszenierte Missverständnis ist also nur ein Beispiel, ein Mittel - vielleicht das künstlichste - um die gegenseitige Beeinflussung von Serien zu
illustrieren, aber es ist nicht das einzige. Anstelle von zwei zeitgenössischen
Serien könnten Sie auch eine Serie von Ereignissen aus der Vergangenheit
und eine andere aus der Gegenwart nehmen: Wenn die beiden Serien in
unserer Vorstellung zufällig zusammenfallen, kommt es zu keiner gegenseitigen Beeinflussung, und dennoch wird derselbe komische Effekt eintreten.
Denken Sie an Bonivard, der im Schloss von Chillon gefangen ist: eine
Reihe von Fakten. Nun stellen Sie sich Tartarin vor, der in der Schweiz
unterwegs ist, verhaftet und eingesperrt wird: eine zweite Serie, die unabhängig von der ersten ist. Lassen Sie nun Tartarin an Bonivards Kette gefes-
selt sein, so dass die beiden Geschichten für einen Moment zusammenzufal-
len scheinen, und Sie erhalten eine sehr amüsante Szene, eine der amüsante-
sten, die Daudets Fantasie erdacht hat. (Tartarin sur les Alpes, von Daudet)
Zahlreiche Begebenheiten des spöttisch-heroischen Stils würden, wenn man
sie analysieren würde, die gleichen Elemente offenbaren. Die Übertragung
von der Antike auf die Moderne, die immer lächerlich ist, beruht auf der

gleichen Idee. Labiche hat sich dieser Methode in jeder Form bedient. Manchmal fängt er damit an, die Serien separat aufzubauen, und macht sich dann einen Spaß daraus, sie miteinander in Konflikt zu bringen: Er nimmt eine unabhängige Gruppe - zum Beispiel eine Hochzeitsgesellschaft - und wirft sie in eine völlig unzusammenhängende Umgebung, in die sie durch bestimmte Zufälle vorläufig hineingeschoben werden. Manchmal behält er ein und dasselbe set von Charakteren während des gesamten Stücks bei, sorgt aber dafür, dass einige dieser Charaktere etwas zu verbergen haben - in der Tat eine geheime Übereinkunft - kurz, er spielt eine kleinere Komödie innerhalb der Hauptkomödie: in einem Moment ist eine der beiden Komödien kurz davor, die andere zu stören; im nächsten ist alles in Ordnung und die Übereinstimmung zwischen den beiden Serien ist wieder hergestellt. Manchmal führt er sogar eine rein immaterielle Reihe von Ereignissen in die eigentliche Serie ein, eine unangenehme Vergangenheit zum Beispiel, die jemand zu verbergen sucht, die aber immer wieder in der Gegenwart auftaucht und bei jeder Gelegenheit erfolgreich mit Situationen in Einklang gebracht wird, mit denen es bestimmt schien, Unheil zu stiften. Aber in jedem Fall finden wir die beiden unabhängigen Serien und auch ihr teilweises Zusammentreffen.

Wir werden diese Analyse der Methoden der Lichtkomödie nicht weiter ausführen. Ob wir nun die gegenseitige Beeinflussung von Serien, die Umkehrung oder die Wiederholung finden, wir sehen, dass das Ziel immer dasselbe ist - das zu erreichen, was wir eine MECHANISATION des Lebens genannt haben. Sie nehmen ein Set von Handlungen und Beziehungen und wiederholen es so, wie es ist, oder stellen es auf den Kopf, oder übertragen es körperlich auf ein anderes Set, mit dem es teilweise übereinstimmt - all das sind Prozesse, die darin bestehen, das Leben als einen sich wiederholenden Mechanismus zu betrachten, mit umkehrbaren Handlungen und austauschbaren Teilen. Das tatsächliche Leben ist nur insofern eine Komödie, als es auf natürliche Weise Handlungen der gleichen Art hervorbringt, also nur insofern, als es sich selbst vergisst, denn wäre es immer auf der Hut, wäre es eine sich ständig verändernde Kontinuität, ein unumkehrbarer Fortschritt, eine ungeteilte Einheit. Und so lässt sich das Lächerliche in den Ereignissen als Zerstreutheit in den Dingen definieren, so wie das Lächerliche in einem individuellen Charakter immer aus einer grundlegenden Zerstreutheit in der Person resultiert, wie wir bereits angedeutet haben und später noch beweisen werden. Diese Zerstreutheit in den Ereignissen ist jedoch eine Ausnahme. Ihre Folgen sind gering. Auf jeden Fall ist sie unheilbar, so dass es sinnlos ist, über sie zu lachen. Deshalb wäre niemand auf die Idee gekommen, diese Zerstreutheit zu übertreiben, sie in ein System umzuwandeln und eine Kunst dafür zu schaffen, wenn das Lachen nicht immer ein Vergnügen wäre und die Menschen sich nicht auf den geringsten Vorwand stürzen würden, um sich ihm hinzugeben. Das ist die eigentliche Erklärung für die leichte Komödie, die sich zum wirklichen Leben verhält wie eine gelenkige Tanzpuppe zu einem gehenden Menschen, denn sie ist eine künstliche Übertreibung einer natürlichen Starre der Dinge. Der Faden, der es mit dem wirklichen Leben verbindet, ist sehr brüchig. Es ist kaum mehr als ein Spiel, das, wie alle Spiele, von einer zuvor akzeptierten Konvention abhängt. Die Charakterkomödie schlägt viel tiefere Wurzeln im Leben. Mit dieser Art von Komödie werden wir uns im letzten Teil unserer Untersuchung eingehender beschäftigen. Doch zunächst müssen wir eine bestimmte Art der Komik analysieren, die in vielerlei Hinsicht der leichten Komik ähnelt: die Wortkomik.

II

Es mag etwas künstlich wirken, eine eigene Kategorie für die Wortkomik zu schaffen, da die meisten der bisher untersuchten Spielarten der Komik durch das Medium der Sprache entstanden sind. Wir müssen jedoch zwischen dem ausgedrückten und dem durch Sprache erzeugten Comic unterscheiden. Ersterer könnte, wenn nötig, von einer Sprache in eine andere übersetzt werden, allerdings um den Preis, dass der größte Teil seiner Bedeutung verloren geht, wenn er in eine neue Gesellschaft eingeführt wird, die sich in den Sitten, in der Literatur und vor allem in der Verbindung der Ideen unterscheidet. Aber es ist im Allgemeinen unmöglich, letzteres zu übersetzen. Es verdankt sein ganzes Wesen der Struktur des Satzes oder der Wahl der Worte. Es werden keine besonderen Fälle von Geistesabwesenheit bei Menschen oder Ereignissen mit Hilfe der Sprache gesichtet. Es legt den Schwerpunkt auf die Unaufmerksamkeiten in der Sprache selbst. In diesem Fall ist es die Sprache selbst, die komisch wird.

Komische Sprüche entstehen jedoch nicht spontan; wenn wir über sie lachen, haben wir auch das Recht, über ihren Urheber zu lachen. Diese letzte Kondition ist jedoch nicht unabdingbar, denn der Spruch oder die Redewendung hat eine eigene komische Tugend. Das beweist die Tatsache, dass es uns in den meisten dieser Fälle sehr schwer fällt zu sagen, über wen wir lachen, auch wenn wir manchmal das vage Gefühl haben, dass es sich um eine Person im Hintergrund handelt.

Außerdem ist die Person, um die es geht, nicht immer der Sprecher. Hier scheint es, als ob wir einen wichtigen Unterschied zwischen dem WITZI-GEN (SPIRITUELL) und dem KOMISCHEN machen sollten. Ein Wort gilt als komisch, wenn es uns dazu bringt, über die Person zu lachen, die es aus-spricht, und als witzig, wenn es uns entweder über einen Dritten oder über uns selbst zum Lachen bringt. Aber in den meisten Fällen können wir uns kaum entscheiden, ob das Wort komisch oder witzig ist. Alles, was wir sagen können, ist, dass es lächerlich ist.

Bevor wir fortfahren, sollten wir vielleicht genauer untersuchen, was mit ESPRIT gemeint ist. Ein witziger Spruch bringt uns zumindest zum Schmunzeln. Daher wäre keine Untersuchung des Lachens vollständig, wenn sie nicht dem Wesen des Witzes auf den Grund ginge und Licht auf die zugrunde liegende Idee werfen würde. Es ist jedoch zu befürchten, dass sich diese äußerst subtile Essenz verflüchtigt, wenn sie dem Licht ausgesetzt wird.

Lassen Sie uns zunächst eine Unterscheidung zwischen den beiden Bedeutungen des Wortes Witz ESPRIT treffen, der weiteren und der engeren. In der weiteren Bedeutung des Wortes scheint es, dass das, was man Witz nennt, eine bestimmte DRAMATISCHE Art des Denkens ist. Anstatt seine Ideen als bloße Symbole zu behandeln, sieht der Witz sie, hört sie und vor allem lässt er sie wie Personen miteinander sprechen. Er bringt sie auf die Bühne und in gewissem Maße auch sich selbst. Ein witziges Volk ist zwangsläufig ein theaterverliebtes Volk. In jedem Witz steckt etwas von einem Dichter - genauso wie in jedem guten Leser der Charakter eines Schauspielers steckt. Dieser Vergleich wird absichtlich angestellt, weil man die vier Begriffe leicht in ein Verhältnis zueinander setzen kann. Um gut lesen zu können, brauchen wir nur die intellektuelle Seite der Schauspieler-kunst; um aber gut schauspielern zu können, muss man mit Leib und Seele Schauspieler sein. Genauso erfordert das dichterische Schaffen ein gewisses Maß an Selbstvergessenheit, während der Witz in dieser Hinsicht in der Regel keinen Fehler macht. Wir bekommen immer einen Eindruck von ihm hinter dem, was er sagt und tut. Er ist nicht völlig in die Sache vertieft, weil er nur seine Intelligenz ins Spiel bringt. Jeder Dichter kann sich also als Witzbold entpuppen, wenn er will. Dazu muss er sich nichts aneignen; es scheint eher so, als müsste er etwas aufgeben. Er müsste einfach seine Ideen miteinander sprechen lassen, "umsonst, aus reiner Freude an der Sache!" *[Anmerkung: "Pour rien, pour le plaisir" ist ein Zitat aus Marion Delorme von Victor Hugo]* Er müsste nur das doppelte Band lösen, das seine Ideen mit seinen Gefühlen und seine Seele mit dem Leben in Verbindung hält.

Kurz gesagt, er würde sich in einen Witz verwandeln, indem er einfach beschließt, kein Dichter des Gefühls mehr zu sein, sondern nur noch des Verstandes.

Aber wenn der Witz zum größten Teil darin besteht, die Dinge SUB SPE-CIE THEATRI zu sehen, dann kann er sich offensichtlich speziell auf eine Spielart der dramatischen Kunst richten, nämlich die Komödie. Hier haben wir eine enger gefasste Bedeutung des Begriffs, und zwar die einzige, die uns unter dem Gesichtspunkt der Theorie des Lachens interessiert. Was hier als WIT bezeichnet wird, ist die Gabe, komische Szenen mit wenigen Strichen zu inszenieren - allerdings so subtil, fein und schnell, dass alles vorbei ist, sobald wir es bemerken.

Wer sind die Schauspieler in diesen Szenen? Mit wem hat es der Witz zu tun? Zunächst einmal mit seinen Gesprächspartnern selbst, wenn sein Witz eine direkte Erwiderung auf einen von ihnen ist. Oft mit einer abwesenden Person, von der er annimmt, dass sie gesprochen hat und der er antwortet. Und noch häufiger mit der ganzen Welt, die er auf die Schippe nimmt, indem er eine gängige Idee in ein Paradoxon verwandelt, eine abgedroschene Phrase verwendet oder ein Zitat oder Sprichwort parodiert. Wenn wir diese Szenen in Miniaturform miteinander vergleichen, stellen wir fest, dass es sich fast immer um Variationen eines uns wohlbekannten komischen Themas handelt, nämlich das des "ausgeraubten Räubers". Sie nehmen eine Metapher, eine Phrase, ein Argument auf und wenden es gegen den Mann, der ihr Urheber ist oder sein könnte, so dass er dazu gebracht wird, das zu sagen, was er nicht sagen wollte, und sich gewissermaßen in den Mühen der Sprache gefangen nehmen lässt. Aber das Thema des "ausgeraubten Räubers" ist nicht das einzig mögliche. Wir haben viele Spielarten des Komischen besprochen, und es gibt keine einzige, die sich nicht in einen Witz verflüchtigen könnte.

Jede witzige Bemerkung eignet sich also für eine Analyse, deren chemische Formel wir jetzt sozusagen angeben können. Sie lautet wie folgt: Nehmen Sie die Bemerkung, vergrößern Sie sie zunächst zu einer regulären Szene und finden Sie dann die Kategorie des Komischen heraus, zu der die Szene offensichtlich gehört: Auf diese Weise reduzieren Sie die witzige Bemerkung auf ihre einfachsten Elemente und erhalten eine vollständige Erklärung für sie.

Wenden wir diese Methode auf ein klassisches Beispiel an. "Deine Brust tut mir weh" (J'AI MAL A VOTRE POITRINE) schrieb Mme. de Sevigne an ihre kranke Tochter - eindeutig ein witziger Spruch. Wenn unsere Theorie richtig ist, brauchen wir den Spruch nur zu betonen, ihn zu vergrößern und zu vergrößern, und wir werden sehen, wie er sich zu einer komischen Szene ausweitet. Wir finden genau diese Szene in AMOUR MEDECIN von Moliere. Der Scheinarzt Clitandre, der zu Sganarelles Tochter gerufen wurde, begnügt sich damit, Sganarelles eigenen Puls zu fühlen, woraufhin er im Vertrauen auf die Sympathie, die zwischen Vater und Tochter herrschen muss, ohne zu zögern feststellt: "Ihre Tochter ist sehr krank!" Hier haben wir den Übergang vom Witzigen zum Komischen. Um unsere Analyse zu vervollständigen, müssen wir also nur noch herausfinden, was an der Idee, eine Diagnose für das Kind zu stellen, nachdem man den Vater oder die Mutter befragt hat, komisch ist. Nun, wir wissen, dass eine wesentliche Form der komischen Phantasie darin besteht, sich eine lebende Person als eine Art gelenkige Tanzpuppe vorzustellen, und dass uns häufig zwei oder mehr Personen gezeigt werden, die sprechen und sich verhalten, als wären sie durch unsichtbare Fäden miteinander verbunden, um uns zu diesem Bild zu bewegen. Ist das nicht die Vorstellung, die hier suggeriert wird, wenn wir dazu gebracht werden, die Sympathie, die wir zwischen Vater und Tochter postulieren, sozusagen zu materialisieren?

Wir sehen nun, wie es dazu kommt, dass Autoren, die über Witz schreiben, sich darauf beschränken, die außerordentliche Komplexität der Dinge zu kommentieren, die mit diesem Begriff bezeichnet werden, ohne dass es ihnen jemals gelingt, ihn zu definieren. Es gibt viele Arten, witzig zu sein, fast so viele wie umgekehrt. Wie können wir feststellen, was sie miteinander gemeinsam haben, wenn wir nicht zuerst die allgemeine Beziehung zwischen dem Witzigen und dem Komischen bestimmen? Wenn diese Beziehung jedoch geklärt ist, ist alles klar. Dann finden wir zwischen dem Komischen und dem Witzigen dieselbe Verbindung wie zwischen einer regulären Szene und der flüchtigen Andeutung einer möglichen Szene. So zahlreich die Formen sind, die das Komische annimmt, so zahlreich sind auch die Varianten des Witzes. Das Komische in all seinen Formen ist also das, was zuerst definiert werden sollte, indem man (was schon schwierig genug ist) den Hinweis entdeckt, der von einer Form zur anderen führt. Auf diese Weise wird der Witz analysiert und erscheint dann als nichts anderes als das Komische in einem sehr flüchtigen Zustand. Würde man jedoch den umgekehrten Weg einschlagen und versuchen, direkt eine Formel für den Witz zu entwickeln, würde man einen sicheren Misserfolg riskieren. Was soll man von einem Chemiker halten, der, obwohl er so viele Gläser einer bestimmten Substanz in seinem Labor hat, es vorzieht, diese Substanz aus der Atmosphäre zu gewinnen, in der nur winzige Spuren ihres Dampfes zu finden sind?

Aber dieser Vergleich zwischen dem Witzigen und dem Komischen ist auch ein Hinweis auf die Linie, die wir beim Studium des Komischen in Worten einschlagen müssen. Einerseits gibt es keinen wesentlichen Unterschied zwischen einem Wort, das komisch ist, und einem, das witzig ist. Andererseits ruft letzteres, auch wenn es mit einer Redewendung verbunden ist, immer das Bild einer komischen Szene hervor, sei es verschwommen oder deutlich. Das bedeutet, dass das Komische in der Sprache Punkt für Punkt mit dem Komischen in Handlungen und Situationen übereinstimmen sollte und nichts anderes ist, wenn man sich so ausdrücken darf, als deren Projektion auf die Ebene der Worte. Kehren wir also zur Handlungs- und Situationskomik zurück, betrachten wir die wichtigsten Methoden, mit denen sie erreicht wird, und wenden wir sie auf die Wortwahl und den Aufbau von Sätzen an. Auf diese Weise erhalten wir jede mögliche Form der Komik in Worten und jede Variante des Witzes.

1. Versehentlich etwas zu sagen oder zu tun, was wir gar nicht vorhatten, ist, wie wir wissen, eine der Hauptquellen des Komischen, weil es unelastisch oder impulsiv ist. Zerstreutheit ist also im Grunde lächerlich, und so lachen wir über alles Starre, Fertige, Mechanische in Gesten, Haltung und sogar im Gesichtsausdruck. Finden wir diese Art von Starrheit auch in der Sprache? Zweifellos, denn die Sprache enthält vorgefertigte Formeln und stereotype Formulierungen. Ein Mann, der sich immer in solchen Begriffen ausdrücken würde, wäre unweigerlich komisch. Aber wenn eine isolierte Phrase in sich selbst komisch sein soll, muss sie, sobald sie von der Person, die sie ausspricht, getrennt ist, etwas mehr als vorgefertigt sein, sie muss ein Zeichen in sich tragen, das uns zweifelsfrei sagt, dass sie automatisch geäußert wurde. Dies ist nur dann der Fall, wenn der Satz eine offensichtliche Absurdität enthält, entweder einen offensichtlichen Irrtum oder einen Widerspruch in sich. Daraus ergibt sich die folgende allgemeine Regel: EINE KOMISCHE BEDEUTUNG ERGIBT SICH IMMER DANN, WENN EINE ABSURDE IDEE IN EINE ETABLIERTE PHRASENFORM EINGE-PASST WIRD.

"Ce sabre est le plus beau jour de ma vie", sagte M. Prudhomme. Übersetzt man den Satz ins Englische oder Deutsche, wird er völlig absurd, obwohl er auf Französisch komisch genug ist. Der Grund dafür ist, dass "le plus beau jour de ma vie" eine dieser vorgefertigten Phrasenendungen ist, an die das Ohr eines Franzosen gewöhnt ist. Um es komisch zu machen, müssen wir also nur den Automatismus der Person, die es ausspricht, deutlich machen. Das erhalten wir, wenn wir eine Absurdität in die Phrase einbauen.

Hier ist die Absurdität keineswegs die Quelle der Komik, sie ist nur ein sehr einfaches und effektives Mittel, um sie deutlich zu machen.

Wir haben nur einen Ausspruch von M. Prudhomme zitiert, aber die meisten der ihm zugeschriebenen Sprüche gehören in die gleiche Kategorie. M. Prudhomme ist ein Mann der vorgefertigten Phrasen. Und da es in allen Sprachen vorgefertigte Phrasen gibt, ist M. Prudhomme immer in der Lage, transponiert zu werden, auch wenn er selten übersetzt wird. Manchmal ist die banale Phrase, unter deren Deckmantel sich die Absurdität einschleicht, nicht so leicht zu erkennen. "Ich arbeite nicht gerne zwischen den Mahlzeiten", sagte ein fauler Lümmel. Der Spruch hätte nichts Amüsantes an sich, gäbe es da nicht dieses heilsame Gebot aus dem Bereich der Hygiene: "Man sollte nicht zwischen den Mahlzeiten essen."

Manchmal ist die Wirkung auch kompliziert. Statt einer banalen Redewendung gibt es zwei oder drei, die ineinander übergehen. Nehmen Sie zum Beispiel die Bemerkung einer der Figuren in einem Stück von Labiche: "Nur Gott hat das Recht, seine Mitmenschen zu töten." Man könnte meinen, dass hier zwei verschiedene bekannte Sprüche verwendet werden: "Es ist Gott, der über das Leben der Menschen verfügt" und "Es ist ein Verbrechen, wenn ein Mensch seine Mitmenschen tötet". Aber die beiden Sprüche sind so kombiniert, dass sie das Ohr täuschen und den Eindruck erwecken, es handele sich um einen jener abgedroschenen Sätze, die als selbstverständlich akzeptiert werden. Daher nickt unsere Aufmerksamkeit, bis wir plötzlich von der Absurdität der Bedeutung geweckt werden. Diese Beispiele reichen aus, um zu zeigen, wie eine der wichtigsten Formen des Komischen in vereinfachter Form auf die Ebene der Sprache projiziert werden kann. Wir werden nun zu einer Form übergehen, die nicht so allgemein ist.

2. "Wir lachen, wenn unsere Aufmerksamkeit auf das Körperliche in einer Person gelenkt wird, obwohl es um das Moralische geht", ist ein Gesetz, das wir im ersten Teil dieses Werkes aufgestellt haben. Wenden wir es auf die Sprache an. Von den meisten Wörtern kann man sagen, dass sie eine PHYSISCHE und eine MORALISCHE Bedeutung haben, je nachdem, ob sie wörtlich oder im übertragenen Sinne interpretiert werden. Jedes Wort bezeichnet zwar zunächst einen konkreten Gegenstand oder eine materielle Handlung, aber nach und nach verfeinert sich die Bedeutung des Wortes zu einer abstrakten Beziehung oder einer reinen Idee. Wenn also das obige Gesetz hier gilt, sollte es wie folgt formuliert werden: "Ein komischer Effekt wird immer dann erzielt, wenn wir vorgeben, einen Ausdruck wörtlich zu nehmen, der im übertragenen Sinne verwendet wurde"; oder: "Sobald unsere

Aufmerksamkeit auf den materiellen Aspekt einer Metapher gerichtet ist, wird die ausgedrückte Idee komisch."

In der Phrase "Tous les arts sont freres" (alle Künste sind Brüder) wird das Wort "frere" (Bruder) metaphorisch verwendet, um eine mehr oder weniger auffällige Ähnlichkeit zu bezeichnen. Das Wort wird so oft auf diese Weise verwendet, dass wir, wenn wir es hören, nicht an die konkrete, materielle Verbindung denken, die in jeder Beziehung impliziert ist. Wir würden es eher bemerken, wenn es hieße: "Tous les arts sont cousins", denn das Wort "Cousin" wird nicht so oft im übertragenen Sinne verwendet; deshalb hat das Wort hier schon einen leichten Beigeschmack des Komischen. Aber gehen wir noch weiter und nehmen wir an, dass unsere Aufmerksamkeit auf die materielle Seite der Metapher gelenkt wird, indem eine Beziehung gewählt wird, die mit dem Geschlecht der beiden Wörter, aus denen der metaphorische Ausdruck besteht, unvereinbar ist: Wir erhalten ein lächerliches Ergebnis. So lautet das bekannte Sprichwort, das auch M. Prudhomme zugeschrieben wird: "Tous les arts (maskulin) sont soeurs (feminin)." "Er ist immer auf der Suche nach einem Witz", wurde in Boufflers' Gegenwart über einen sehr eingebildeten Kerl gesagt. Hätte Boufflers geantwortet: "Er wird ihn nicht fangen", wäre das der Anfang eines witzigen Spruchs gewesen, wenn auch nicht mehr als der Anfang, denn das Wort "fangen" wird fast so oft bildlich interpretiert wie das Wort "rennen"; noch zwingt es uns stärker als letzteres, das Bild zweier Läufer zu verwirklichen, von denen der eine dem anderen auf den Fersen ist. Damit die Erwiderung durch und durch witzig erscheint, müssen wir der Sprache des Sports einen Ausdruck entlehnen, der so anschaulich und konkret ist, dass wir nicht umhin können, das Spezies in vollem Ernst zu sehen. Das ist es, was Boufflers tut, wenn er antwortet: "Ich stehe hinter dem Witz!"

Wir haben gesagt, dass der Witz oft darin besteht, die Vorstellung seines Gesprächspartners so weit auszudehnen, dass er das Gegenteil von dem sagt, was er denkt, und ihn sozusagen in die Falle seiner eigenen Worte lockt. Wir müssen nun hinzufügen, dass diese Kutsche fast immer eine Metapher oder ein Vergleich ist, dessen konkreter Aspekt gegen ihn gewendet wird. Sie erinnern sich vielleicht an den Dialog zwischen einer Mutter und ihrem Sohn in den Faux Bonshommes: "Mein lieber Junge, Glücksspiele auf 'Change' sind sehr riskant. An einem Tag gewinnst du und am nächsten verlierst du." - "Nun, dann werde ich nur jeden zweiten Tag spielen." In demselben Stück finden wir auch das folgende erbauliche Gespräch zwischen zwei Firmenpromotern: "Ist das eine sehr ehrenhafte Sache, die wir da tun? Diesen unglücklichen Aktionären ziehen wir das Geld aus der Tasche...."-"Woher sollen wir es denn nehmen?"

Ein amüsantes Ergebnis lässt sich auch erzielen, wenn ein Symbol oder ein Emblem auf seiner konkreten Seite erweitert wird und so getan wird, als ob diese Erweiterung denselben symbolischen Wert hätte wie das Emblem selbst. In einer sehr lebendigen Komödie wird uns ein Beamter aus Monte Carlo vorgestellt, dessen Uniform mit Medaillen übersät ist, obwohl er nur eine einzige Auszeichnung erhalten hat. "Sehen Sie, ich habe meine Medaille auf eine Zahl beim Roulette gesetzt", sagt er, "und als die Zahl auftauchte, hatte ich Anspruch auf das Sechsunddreißigfache meines Einsatzes." Diese Argumentation ist der von Giboyer in den Effrontes sehr ähnlich. Dort wird eine Braut von vierzig Sommern kritisiert, die zu ihrem Hochzeitskleid Orangenblüten trägt: "Sie hatte ein Recht auf Orangen, geschweige denn auf Orangenblüten!", bemerkt Giboyer.

Aber wir würden niemals aufhören, wenn wir alle Gesetze, die wir genannt haben, einzeln aufgreifen und versuchen würden, sie auf der Ebene der Sprache zu beweisen. Wir sollten uns lieber auf die drei allgemeinen Sätze des vorangegangenen Abschnitts beschränken. Wir haben gezeigt, dass "Reihen von Ereignissen" entweder durch Wiederholung, durch Umkehrung oder durch gegenseitige Beeinflussung komisch werden können. Nun werden wir sehen, dass dies auch bei Serien von Wörtern der Fall ist.

Eine Reihe von Ereignissen zu nehmen und sie in einer anderen Tonart oder in einer anderen Umgebung zu wiederholen, oder sie umzukehren, ohne ihnen eine bestimmte Bedeutung zu nehmen, oder sie zu vermischen, so dass ihre jeweiligen Bedeutungen sich gegenseitig stören, ist, wie wir bereits gesagt haben, immer komisch, denn es bringt das Leben dazu, sich wie eine Maschine behandeln zu lassen. Aber auch der Gedanke ist eine lebendige Sache. Und die Sprache, die Übersetzung der Gedanken, sollte ebenso lebendig sein. Wir können also davon ausgehen, dass ein Satz komisch wird, wenn er, obwohl er umgekehrt ist, immer noch einen Sinn ergibt, oder wenn er zwei völlig unabhängige Sets von Ideen gleichermaßen gut ausdrückt, oder schließlich, wenn er durch die Übertragung einer Idee in eine andere Tonart als die eigene gewonnen wurde. Dies sind in der Tat die drei grundlegenden Gesetze dessen, was man die KOMISCHE TRANSFORMATION VON SÄTZEN nennen könnte, wie wir anhand einiger Beispiele zeigen werden.

Zunächst sei gesagt, dass diese drei Gesetze für die Theorie des Lächerlichen keineswegs von gleicher Bedeutung sind. Die INVERSION ist das uninteressanteste der drei Gesetze. Es muss jedoch leicht anwendbar sein, denn es fällt auf, dass ein professioneller Geist, sobald er einen Satz hört, ausprobiert, ob er nicht durch Umkehrung eine Bedeutung erhalten kann, indem er zum Beispiel das Subjekt an die Stelle des Objekts und das Objekt an die Stelle des Subjekts setzt. Es ist nicht ungewöhnlich, dass dieses Mittel eingesetzt wird, um eine Idee auf mehr oder weniger humorvolle Weise zu widerlegen. In einer Komödie von Labiche ruft einer der Protagonisten seinem Nachbarn im Stockwerk darüber, der seinen Balkon zu verschmutzen pflegt, zu: "Was meinen Sie damit, dass Sie Ihre Pfeife auf meiner Terrasse ausleeren?" Der Nachbar erwidert: "Was meinen Sie damit, Ihre Terrasse unter meine Pfeife zu stellen?" Es ist nicht nötig, auf diese Art von Witz einzugehen, denn es gibt zahlreiche Beispiele dafür. Die reziproke Verschränkung von zwei Sets von Ideen in einem Satz ist eine unerschöpfliche Quelle für amüsante Varianten. Es gibt viele Möglichkeiten, diese Interferenz herbeizuführen, d.h. zwei unabhängige Bedeutungen, die scheinbar übereinstimmen, in ein und denselben Ausdruck einzubinden. Die am wenigsten seriöse dieser Möglichkeiten ist das Wortspiel. Beim Wortspiel scheint ein und derselbe Satz zwei unabhängige Bedeutungen zu haben, aber es ist nur ein Schein; in Wirklichkeit sind es zwei verschiedene Sätze, die aus verschiedenen Wörtern bestehen, aber behaupten, ein und dasselbe zu sein, weil beide denselben Klang haben. Wir gehen vom Wortspiel über unmerkliche Stufen zum wahren Wortspiel über. Hier handelt es sich wirklich um ein und denselben Satz, mit dem zwei verschiedene Sets von Ideen ausgedrückt werden, und wir haben es nur mit einer Reihe von Wörtern zu tun; aber die verschiedenen Bedeutungen, die ein Wort haben kann, werden ausgenutzt, vor allem wenn es bildlich statt wörtlich verwendet wird. So gibt es in der Tat oft nur einen kleinen Unterschied zwischen einem Wortspiel auf der einen Seite und einer poetischen Metapher oder einem erhellenden Vergleich auf der anderen Seite. Während ein erhellender Vergleich und ein eindrucksvolles Bild immer die enge Harmonie zu offenbaren scheinen, die zwischen der Sprache und der Natur besteht, die als zwei parallele Lebensformen betrachtet werden, lässt uns das Wortspiel irgendwie an eine Nachlässigkeit der Sprache denken, die vorläufig ihre eigentliche Funktion vergessen zu haben scheint und nun behauptet, die Dinge an sich anzupassen, anstatt sich den Dingen anzupassen. Und so verrät das Wortspiel immer eine momentane LAPSE OF ATTENTION in der Sprache, und gerade deshalb ist es amüsant.

INVERSION und RECIPROCAL INTERFERENCE sind schließlich nur eine gewisse Verspieltheit des Geistes, die im Spiel mit den Worten endet. Die Komik der TRANSPOSITION ist viel weitreichender. In der Tat ist die

Transposition für die gewöhnliche Sprache das, was die Wiederholung für die Komödie ist.

Wir haben gesagt, dass die Wiederholung die bevorzugte Methode der klassischen Komödie ist. Sie besteht darin, die Ereignisse so anzuordnen, dass eine Szene entweder zwischen denselben Personen unter neuen Umständen oder zwischen neuen Personen unter denselben Umständen wiederholt wird. So haben wir eine Szene, die bereits von ihren Herren gespielt wurde, von Lakaien in weniger würdevoller Sprache wiederholt. Stellen Sie sich nun vor, dass die Ideen in einem angemessenen Stil ausgedrückt und in den Rahmen ihrer natürlichen Umgebung gestellt werden. Wenn Sie sich etwas einfallen lassen, um sie in eine neue Umgebung zu übertragen und dabei ihre gegenseitigen Beziehungen beizubehalten, oder, mit anderen Worten, wenn Sie sie dazu bringen können, sich in einem ganz anderen Stil auszudrücken und sich in eine andere Tonart zu versetzen, dann haben Sie die Sprache selbst, die eine Komödie spielt - die Sprache selbst, die komisch ist. Im Übrigen ist es nicht nötig, uns die beiden Ausdrücke der gleichen Ideen, den transponierten und den natürlichen, vor Augen zu führen. Denn wir kennen den natürlichen Ausdruck - den, den wir instinktiv gewählt hätten. Es reicht also aus, wenn sich die Anstrengung der komischen Erfindung auf die andere, und nur auf diese, bezieht. Kaum ist das zweite vor uns gesetzt, liefern wir spontan das erste. Daraus ergibt sich die folgende allgemeine Regel: EIN KOMISCHER EFFEKT LÄSST SICH IMMER DADURCH ERZIELEN, DASS MAN DEN NATÜRLICHEN AUSDRUCK EINER IDEE IN EINE ANDERE TONART TRANSPONIERT.

Die Mittel der Übertragung sind so zahlreich und vielfältig, die Sprache bietet eine so reiche Kontinuität an Themen und die Komik kann so viele Stadien durchlaufen, von der faden Possenreißerei bis hin zu den höchsten Formen des Humors und der Ironie, dass wir auf den Versuch verzichten, eine vollständige Liste zu erstellen. Nachdem wir die Regel aufgestellt haben, werden wir einfach hier und da ihre wichtigsten Anwendungen überprüfen.

Zunächst einmal können wir zwei Tonarten am äußersten Ende der Skala unterscheiden: die feierliche und die vertraute. Die offensichtlichsten Effekte erzielt man, wenn man einfach die eine in die andere transponiert, was uns zwei gegensätzliche Strömungen der komischen Phantasie liefert.

Transponieren Sie das Feierliche ins Vertraute und das Ergebnis ist die Parodie. Die so definierte Wirkung der Parodie erstreckt sich auch auf Fälle, in denen die in vertrauten Begriffen ausgedrückte Idee, wenn auch nur aus

Rücksicht auf die Gewohnheit, in einer anderen Tonart wiedergegeben werden sollte. Nehmen Sie als Beispiel die folgende Beschreibung der Morgendämmerung, zitiert von Jean Paul Richter: "Der Himmel begann sich von schwarz zu rot zu verfärben, wie ein Hummer, der gekocht wird." Beachten Sie, dass der Ausdruck von Dingen aus der alten Welt in Begriffen des modernen Lebens denselben Effekt erzeugt, und zwar aufgrund des Heiligenscheins der Poesie, der die klassische Antike umgibt.

Es ist zweifellos das Komische in der Parodie, das einige Philosophen, insbesondere Alexander Bain, auf die Idee gebracht hat, das Komische im Allgemeinen als eine Art DEGRADATION zu definieren. Sie beschreiben das Lächerliche so, dass es etwas als gemein erscheinen lässt, das zuvor würdevoll war. Aber wenn unsere Analyse richtig ist, ist die Degradierung nur eine Form der Transposition und die Transposition selbst nur eines der Mittel, um das Lachen zu erreichen. Es gibt noch eine ganze Reihe anderer, und die Quelle des Lachens muss viel weiter hinten gesucht werden. Ohne so weit zu gehen, stellen wir fest, dass die Umkehrung vom Ernsten zum Trivialen, vom Besseren zum Schlechteren, zwar komisch ist, aber noch viel mehr.

Sie ist ebenso häufig anzutreffen wie die andere, und wir können offenbar zwei Hauptformen davon unterscheiden, je nachdem, ob sie sich auf die PHYSISCHEN DIMENSIONEN eines Objekts oder auf seinen MORALISCHEN WERT bezieht.

Von kleinen Dingen zu sprechen, als ob sie groß wären, bedeutet im Allgemeinen, zu übertreiben. Die Übertreibung ist immer komisch, wenn sie sich in die Länge zieht und vor allem, wenn sie systematisch erfolgt; dann erscheint sie in der Tat als eine Methode der Umsetzung. Sie regt so sehr zum Lachen an, dass einige Autoren sich veranlasst sahen, das Komische als Übertreibung zu definieren, während andere es als Erniedrigung bezeichneten. Tatsächlich ist die Übertreibung, wie auch die Erniedrigung, nur eine Form einer Art des Komischen. Dennoch ist es eine sehr auffällige Form. Es hat das spöttisch-heroische Gedicht hervorgebracht, ein ziemlich altmodisches Mittel, das ich zugeben muss, obwohl Spuren davon immer noch bei Personen zu finden sind, die zu methodischen Übertreibungen neigen. Von der Angeberei könnte man oft sagen, dass es ihr spöttisch-heroischer Aspekt ist, der uns zum Lachen bringt.

Weitaus künstlicher, aber auch weitaus raffinierter ist die Übertragung von unten nach oben, wenn sie sich auf den moralischen Wert der Dinge und nicht auf ihre physischen Dimensionen bezieht. Eine anrüchige Idee, eine skandalöse Situation, einen niederen Beruf oder ein schändliches Verhalten in einer anrüchigen Sprache auszudrücken und sie mit Begriffen der höchsten "RESPEKTABILITÄT" zu beschreiben, ist im Allgemeinen komisch. Das englische Wort wird hier absichtlich verwendet, da die Praxis selbst typisch englisch ist. Viele Beispiele dafür finden sich bei Dickens und Thackeray und in der englischen Literatur allgemein. Lassen Sie uns am Rande bemerken, dass die Intensität des Effekts hier nicht von seiner Länge abhängt. Ein Wort reicht manchmal aus, wenn es uns einen Einblick in ein ganzes System der Umsetzung gibt, das in bestimmten gesellschaftlichen Kreisen akzeptiert wird und sozusagen eine moralische Organisation der Unmoral offenbart. Nehmen Sie die folgende Bemerkung eines Beamten gegenüber einem seiner Untergebenen in einem Roman von Gogol: "Ihre Betrügereien sind zu umfangreich für einen Beamten Ihres Ranges."

Zusammengefasst gibt es also zwei extreme Vergleichsgrößen, das ganz Große und das ganz Kleine, das Beste und das Schlimmste, zwischen denen sich eine Verschiebung in die eine oder andere Richtung vollziehen kann. Wenn nun das Intervall allmählich verkleinert wird, wird der Kontrast zwischen den erhaltenen Begriffen immer geringer und die Varianten der komischen Transposition immer subtiler.

Der häufigste dieser Gegensätze ist vielleicht der zwischen dem Realen und dem Idealen, zwischen dem, was ist, und dem, was sein sollte. Auch hier kann die Umsetzung in beide Richtungen erfolgen. Manchmal sagen wir, was getan werden sollte, und geben vor zu glauben, dass dies genau das ist, was tatsächlich getan wird; dann haben wir IRONIE. Manchmal hingegen beschreiben wir mit akribischer Genauigkeit, was getan wird, und geben vor zu glauben, dass dies genau das ist, was getan werden sollte; das ist oft die Methode der HUMORIE. So gesehen ist der Humor das Gegenstück zur Ironie. Beide sind Formen der Satire, aber die Ironie ist ihrer Natur nach rednerisch, während der Humor einen wissenschaftlichen Charakter hat. Die Ironie wird umso stärker, je mehr wir uns von der Idee des Guten, das sein sollte, anstecken lassen: So kann die Ironie in uns so heiß werden, dass sie zu einer Art Hochdruckberedsamkeit wird. Andererseits wird der Humor umso stärker betont, je tiefer wir in ein Übel eindringen, das tatsächlich existiert, um seine Einzelheiten in kaltblütigster Gleichgültigkeit niederzuschreiben. Mehrere Autoren, darunter Jean Paul, haben festgestellt, dass der Humor sich an konkreten Begriffen, technischen Details und konkreten Fakten erfreut. Wenn unsere Analyse richtig ist, ist dies kein zufälliges Merkmal des Humors, sondern es ist sein eigentliches Wesen. Ein Humorist ist ein als Wissenschaftler verkleideter Moralist, so etwas wie ein Anatom, der das

Sezieren mit dem einzigen Ziel betreibt, uns mit Ekel zu erfüllen; so dass Humor in dem eingeschränkten Sinne, in dem wir das Wort hier betrachten, wirklich eine Übertragung vom Moralischen zum Wissenschaftlichen ist.

Wenn wir den Abstand zwischen den übertragenen Begriffen noch weiter einschränken, können wir mehr und mehr spezialisierte Arten von komischen Übertragungen erhalten. So verfügen bestimmte Berufe über ein technisches Vokabular: was für eine Fülle von lächerlichen Ergebnissen wurde durch die Übertragung von Ideen des täglichen Lebens in diesen Fachjargon erzielt! Ebenso komisch ist die Ausdehnung der geschäftlichen Phraseologie auf die sozialen Beziehungen des Lebens, z.B. die Formulierung einer von Labiches Figuren in Anspielung auf eine Einladung, die er erhalten hat: "Ihre Freundlichkeit des dritten Ultimo", womit die kommerzielle Formel "Ihre Gunst des dritten Augenblicks" umgesetzt wird. Diese Art der Komik kann außerdem eine besondere Tiefe erreichen, wenn sie nicht nur eine berufliche Praxis, sondern einen Charakterfehler aufdeckt. Erinnern Sie sich an die Szenen in den Faux Bonshommes und der Famille Benoiton, in denen die Ehe als eine geschäftliche Angelegenheit behandelt wird und die Gefühle in einer rein geschäftlichen Sprache dargelegt werden.

Hier sind wir jedoch an dem Punkt angelangt, an dem die Besonderheiten der Sprache wirklich die Besonderheiten des Charakters ausdrücken, deren nähere Untersuchung wir auf das nächste Kapitel verschieben müssen. Wie zu erwarten war und aus dem Vorangegangenen hervorgeht, folgt die Wortkomik der Situationskomik dicht auf den Fersen und geht schließlich zusammen mit dieser in die Charakterkomik über. Die Sprache erreicht nur deshalb lächerliche Ergebnisse, weil sie ein menschliches Produkt ist, das so genau wie möglich den Formen des menschlichen Geistes nachgebildet ist. Wir haben das Gefühl, dass sie ein lebendiges Element unseres eigenen Lebens enthält; und wenn dieses Leben der Sprache vollständig und vollkommen wäre, wenn es nichts Stereotypes in ihr gäbe, wenn, kurz gesagt, die Sprache ein absolut einheitlicher Organismus wäre, der nicht in unabhängige Organismen aufgespalten werden kann, dann würde sie sich dem Komischen entziehen wie eine Seele, deren Leben ein harmonisches Ganzes ist, unaufgeregt wie die ruhige Oberfläche eines friedlichen Sees. Es gibt jedoch keinen Teich, auf dessen Oberfläche nicht ein paar tote Blätter schwimmen, keine menschliche Seele, auf der sich nicht Gewohnheiten festsetzen, die sie gegen sich selbst starr machen, indem sie sie gegen andere starr machen, keine Sprache, kurz gesagt, die so subtil und instinktiv lebendig ist, die in jedem ihrer Teile so hellwach ist, dass sie das Vorgefertigte eliminiert und sich den

mechanischen Operationen der Umkehrung, der Transposition usw. widersetzt, die man gerne an ihr wie an einem leblosen Ding durchführen würde.
Das Starre, das Vorgefertigte, das Mechanische im Gegensatz zum Biegsa-
men, dem sich ständig Verändernden und dem Lebendigen, die Zerstreutheit
im Gegensatz zur Aufmerksamkeit, mit einem Wort, der Automatismus im
Gegensatz zur freien Aktivität, das sind die Fehler, die das Lachen ausmacht
und die es gerne korrigieren würde. Wir haben uns auf diese Idee berufen,
um uns zu Beginn der Analyse des Lächerlichen Licht zu geben. Wir haben
es an jeder entscheidenden Stelle unseres Weges aufleuchten sehen. Mit seiner Hilfe werden wir nun eine wichtigere Untersuchung beginnen, die hof-
fentlich lehrreicher sein wird. Wir beabsichtigen, kurz gesagt, komische
Charaktere zu studieren, oder besser gesagt, die wesentlichen Bedingungen
der Komödie im Charakter zu bestimmen, während wir uns bemühen, dass
diese Studie zu einem besseren Verständnis der wahren Natur der Kunst und
der allgemeinen Beziehung zwischen Kunst und Leben beiträgt.

KAPITEL III - DAS KOMISCHE IM CHARAK-
TER

I

Wir sind dem Komischen auf vielen seiner verschlungenen Pfade gefolgt, um herauszufinden, wie es in eine Form, eine Haltung oder eine Geste, eine Situation, eine Handlung oder einen Ausdruck einfließt. Die Analyse der komischen CHARAKTERE hat uns nun zum wichtigsten Teil unserer Aufgabe geführt. Es wäre auch der schwierigste, wenn wir der Versuchung nachgeben würden, das Lächerliche anhand einiger markanter - und damit offensichtlicher - Beispiele zu definieren; denn dann würden wir, je weiter wir zu den höchsten Erscheinungsformen des Komischen vordringen, feststellen, dass die Tatsachen zwischen den zu weiten Maschen der Definition, die sie festhalten soll, durchrutschen. Tatsächlich haben wir aber den umgekehrten Plan verfolgt, indem wir das Thema von oben beleuchtet haben. In der Überzeugung, dass das Lachen eine soziale Bedeutung und Wichtigkeit hat, dass das Komische vor allem einen besonderen Mangel an Anpassungsfähigkeit an die Gesellschaft ausdrückt und dass es, kurz gesagt, nichts Komisches außer dem Menschen gibt, haben wir den Menschen und den Charakter allgemein zu unserem Hauptziel gemacht. Unsere Hauptschwierigkeit bestand daher darin, zu erklären, wie wir dazu kommen, über etwas anderes als den Charakter zu lachen, und durch welche subtilen Prozesse der Befruchtung, Kombination oder Verschmelzung sich das Komische in eine bloße Bewegung, eine unpersönliche Situation oder eine unabhängige Phrase einschleichen kann. Das ist es, was wir bisher getan haben. Wir haben mit dem reinen Metall begonnen, und all unsere Bemühungen waren einzig und allein auf die Rekonstruktion des Erzes gerichtet. Es ist das Metall selbst, das wir jetzt untersuchen wollen. Nichts könnte einfacher sein, denn diesmal haben wir es mit einem einfachen Element zu tun. Lassen Sie uns es genau untersuchen und sehen, wie es auf alles andere reagiert.

Es gibt Stimmungen, sagten wir, die uns bewegen, sobald wir sie wahrnehmen, Freuden und Sorgen, mit denen wir mitfühlen, Leidenschaften und Laster, die beim Betrachter schmerzhaftes Erstaunen, Entsetzen oder Mitleid hervorrufen; kurz gesagt, Gefühle, die sich in sentimentalen Obertönen von Geist zu Geist fortsetzen. All dies betrifft das Wesentliche des Lebens. All das ist ernst, manchmal sogar tragisch. Die Komödie kann erst an dem Punkt beginnen, an dem die Persönlichkeit unseres Nachbarn aufhört, uns zu berühren. Es beginnt in der Tat mit dem, was man eine wachsende Gefühllosigkeit gegenüber dem sozialen Leben nennen könnte. Komisch ist jeder Mensch, der automatisch seinen eigenen Weg geht, ohne sich um den Kontakt mit seinen Mitmenschen zu kümmern. Es ist die Aufgabe des Lachens, seine Zerstreutheit zu tadeln und ihn aus seinem Traum zu wecken. Wenn es erlaubt ist, wichtige Dinge mit trivialen zu vergleichen, dann sollten wir uns vor Augen führen, was passiert, wenn ein junger Mensch in eine unserer Militärakademien eintritt. Nachdem er die gefürchtete Prüfung bestanden hat, muss er sich anderen Prüfungen stellen, die seine Vorgesetzten mit dem Ziel arrangiert haben, ihn für das neue Leben, das er beginnt, zu rüsten, oder, wie man sagt, "ihn in den Harnisch zu bringen". Jede kleine Gesellschaft, die sich innerhalb einer größeren bildet, ist daher durch eine Art vagen Instinkt gezwungen, eine Methode der Disziplinierung oder des "Einfahrens" zu entwickeln, um mit der Starrheit von Gewohnheiten umzugehen, die anderswo gebildet wurden und nun einer teilweisen Veränderung unterzogen werden müssen. Die Gesellschaft, die man eigentlich Gesellschaft nennt, geht genau so vor. Jedes Mitglied muss stets auf sein soziales Umfeld achten; es muss sich an seiner Umgebung orientieren; kurz gesagt, es muss vermeiden, sich in seinem eigenen Charakter wie ein Philosoph in seinem Elfenbeinturm zu verschließen. Deshalb hält die Gesellschaft über jedem einzelnen Mitglied, wenn nicht die Androhung einer Zurechtweisung, so doch die Aussicht auf eine Brüskierung in der Schwebe, die zwar geringfügig ist, aber nicht weniger gefürchtet wird. Das muss die Funktion des Lachens sein. Da es für denjenigen, gegen den es gerichtet ist, immer ziemlich demütigend ist, ist das Lachen in Wirklichkeit eine Art soziales "Anpöbeln".

Daher der zweideutige Charakter des Komischen. Es gehört weder ganz und gar zur Kunst noch ganz und gar zum Leben. Einerseits würden uns Figuren im wirklichen Leben niemals zum Lachen bringen, wenn wir nicht in der Lage wären, ihre Launen auf die gleiche Weise zu beobachten, wie wir von unserem Logenplatz aus auf ein Theaterstück hinunterschauen; sie sind in unseren Augen nur deshalb komisch, weil sie vor uns eine Art von Komödie aufführen. Andererseits ist das Vergnügen, das durch das Lachen hervorgerufen wird, selbst auf der Bühne, kein unverfälschtes Vergnügen, es ist kein ausschließlich ästhetisches oder völlig uneigennütziges Vergnügen. Es impliziert immer eine geheime oder unbewusste Absicht, wenn nicht von jedem einzelnen von uns, so doch von der Gesellschaft als Ganzes. Im Lachen finden wir immer eine uneingestandene Absicht, unseren Nächsten zu demütigen und folglich zu korrigieren, wenn nicht in seinem Willen, so doch in seiner Tat. Das ist der Grund, warum eine Komödie dem wahren Leben viel ähnlicher ist als ein Drama. Je erhabener das Drama ist, desto tiefgreifender ist die Analyse, der der Dichter das Rohmaterial des täglichen Lebens unterziehen musste, um das tragische Element in seiner unverfälschten Form zu erhalten. Im Gegenteil, nur in ihren niederen Aspekten, in der leichten Komödie und der Farce, steht die Komödie in auffälligem Kontrast zur Realität: je höher sie steigt, desto mehr nähert sie sich dem Leben an; tatsächlich gibt es Szenen im wirklichen Leben, die so sehr an eine hochklassige Komödie grenzen, dass die Bühne sie übernehmen könnte, ohne ein einziges Wort zu ändern.

Daraus folgt, dass die Elemente des komischen Charakters auf der Bühne und im wirklichen Leben dieselben sein werden. Was sind diese Elemente? Es wird nicht schwer sein, sie zu bestimmen. Es ist oft gesagt worden, dass es die TRIFLING-Fehler unserer Mitmenschen sind, die uns zum Lachen bringen.

Offensichtlich ist an dieser Meinung viel Wahres dran; dennoch kann man sie nicht als ganz richtig ansehen. Erstens ist es bei Fehlern nicht einfach, die Grenze zwischen Belanglosem und Ernstem zu ziehen. Vielleicht ist ein Fehler nicht deshalb belanglos, weil er uns zum Lachen bringt, sondern weil er uns zum Lachen bringt, weil wir ihn für belanglos halten, denn nichts entwaffnet uns so wie das Lachen. Aber wir können sogar noch weiter gehen und behaupten, dass es Fehler gibt, über die wir lachen, obwohl wir uns ihrer Ernsthaftigkeit bewusst sind - Harpagons Geiz zum Beispiel. Und dann können wir ebenso gut - wenn auch etwas widerwillig - zugeben, dass wir nicht nur über die Fehler unserer Mitmenschen lachen, sondern manchmal auch über ihre guten Eigenschaften. Wir lachen über Alceste. Man könnte einwenden, dass es nicht die Ernsthaftigkeit von Alceste ist, die lächerlich ist, sondern der besondere Aspekt, den die Ernsthaftigkeit in seinem Fall annimmt, und, kurz gesagt, eine gewisse Exzentrik, die sie in unseren Augen trübt. Einverstanden; aber es ist dennoch wahr, dass diese Exzentrik in Alceste, über die wir lachen, SEINE Ernsthaftigkeit lachhaft macht, und das ist der springende Punkt. Wir können also schlussfolgern, dass das Lächerliche nicht immer ein Hinweis auf einen Fehler im moralischen Sinne des Wortes ist, und wenn die Kritiker darauf bestehen, im Lächerlichen einen Fehler zu sehen, und sei es auch nur ein geringfügiger, dann müssen sie darauf hinweisen, was es ist, das hier genau das Lächerliche vom Ernsten unterscheidet.

Die Wahrheit ist, dass die komische Figur streng genommen durchaus mit der strengen Moral in Einklang stehen kann. Sie muss sich nur mit der Gesellschaft in Einklang bringen. Der Charakter von Alceste ist der eines durch und durch ehrlichen Mannes. Aber dann ist er ungesellig und gerade deshalb lächerlich. Ein flexibles Laster ist vielleicht nicht so leicht lächerlich zu machen wie eine starre Tugend. Es ist die Starrheit, die die Gesellschaft mit Misstrauen betrachtet. Folglich ist es die Starrheit von Alceste, die uns zum Lachen bringt, obwohl Starrheit hier für Ehrlichkeit steht. Der Mann, der sich in sich selbst zurückzieht, ist der Lächerlichkeit preisgegeben, denn die Komik besteht größtenteils aus genau diesem Rückzug. Das erklärt, warum die Komik so häufig von den Sitten oder Ideen, oder, um es unverblümt zu sagen, von den Vorurteilen einer Gesellschaft abhängig ist.

Man muss der Menschheit jedoch zugute halten, dass es keinen wesentlichen Unterschied zwischen dem gesellschaftlichen Ideal und der Regel gibt, dass es die Fehler der anderen sind, die uns zum Lachen bringen, vorausgesetzt, wir fügen hinzu, dass sie uns eher wegen ihrer UNSOZIELLITÄT als wegen ihrer UNMORALITÄT zum Lachen bringen. Welches sind nun die Fehler, die lächerlich werden können, und unter welchen Umständen betrachten wir sie als zu ernst, um über sie zu lachen?

Wir haben bereits eine implizite Antwort auf diese Frage gegeben. Das Komische, so sagten wir, appelliert an die Intelligenz, rein und einfach; Lachen ist unvereinbar mit Emotionen. Stellen Sie einen Fehler, und sei er noch so geringfügig, so dar, dass er Sympathie, Angst oder Mitleid erregt, und schon ist der Schaden angerichtet, und wir können nicht mehr lachen. Nehmen Sie andererseits ein regelrechtes Laster, selbst eines, das im Allgemeinen verabscheuungswürdig ist, dann können Sie es lächerlich machen, wenn Sie es durch einen geeigneten Kunstgriff so gestalten, dass es unsere Gefühle unberührt lässt. Nicht, dass das Laster dann lächerlich sein muss, aber es KANN von da an lächerlich werden. ES DARF UNSERE GEFÜHLE NICHT ANREGEN; das ist die einzige Kondition, die wirklich notwendig ist, auch wenn sie sicherlich nicht ausreicht.

Aber wie will der komische Dichter dann verhindern, dass unsere Gefühle erregt werden? Das ist eine peinliche Frage. Um sie gründlich zu klären, müssten wir uns auf eine ganz neue Art der Untersuchung einlassen, die künstliche Sympathie analysieren, die wir ins Theater mitbringen, und herausfinden, unter welchen Umständen wir es akzeptieren und unter welchen wir es ablehnen, imaginäre Freuden und Sorgen zu teilen. Es gibt eine Kunst, die Sensibilität in den Schlaf zu wiegen und sie mit Träumen zu versorgen, wie es bei einem hypnotisierten Menschen geschieht. Und es gibt auch eine Kunst, das Mitgefühl genau in dem Moment zu unterdrücken, in dem es aufkommen könnte, mit dem Ergebnis, dass die Situation, obwohl sie ernst ist, nicht ernst genommen wird. Diese letztere Kunst scheint von zwei Methoden beherrscht zu werden, die der komische Dichter mehr oder weniger unbewusst anwendet. Die erste besteht darin, in der Seele der Figur das ihr zugeschriebene Gefühl zu ISOLIEREN und es sozusagen zu einem parasitären Organismus zu machen, der mit einer unabhängigen Existenz ausgestattet ist. In der Regel dringt ein intensives Gefühl nach und nach in alle anderen Gemütszustände ein und färbt sie mit seinem eigenen Farbton. Wenn wir also Zeuge dieser allmählichen Imprägnierung werden, werden wir schließlich selbst von einem entsprechenden Gefühl durchdrungen. Um ein anderes Bild zu verwenden, könnte man sagen, dass eine Emotion dramatisch und ansteckend ist, wenn alle Obertöne zusammen mit dem Grundton zu hören sind. Es ist, weil der Schauspieler auf diese Weise sein ganzes Wesen erregt, dass die Zuschauer selbst die Erregung spüren. Im Gegensatz dazu ist bei Emotionen, die uns gleichgültig lassen und die im Begriff sind, komisch zu werden, immer eine gewisse Starrheit vorhanden, die es verhindert, eine Verbindung mit dem Rest der Seele herzustellen, in der es sich niedergelassen hat. Diese Starrheit kann sich, wenn es soweit ist, durch marionettenhafte Bewegungen äußern, und dann wird sie ein Lachen hervorrufen; aber vorher hat sie bereits unsere Sympathie entfremdet: Wie können wir uns mit einer Seele in Einklang bringen, die nicht mit sich selbst im Einklang ist? In Molieres L'Avare haben wir eine Szene, die an ein Drama grenzt. Es ist die Szene, in der sich der Kreditnehmer und der Wucherer, die sich noch nie gesehen haben, von Angesicht zu Angesicht begegnen und feststellen, dass sie Sohn und Vater sind. Hier wären wir mitten in einem Drama, wenn nur die Gier und die väterliche Zuneigung, die in Harpagons Seele miteinander in Konflikt stehen, eine mehr oder weniger originelle Kombination ergeben hätten. Aber das ist nicht der Fall. Kaum ist das Gespräch zu Ende, vergisst der Vater alles. Als er seinen Sohn wiedertrifft, spielt er kaum auf die Szene an, so ernst sie auch gewesen sein mag: "Du, mein Sohn, dem ich deine jüngste Eskapade verzeihen kann, usw." Die Gier ist also ABSENT-MINDLICH an allen anderen Gefühlen vorbeigegangen, ohne sie zu berühren oder berührt zu werden. Obwohl sie sich in der Seele eingenistet hat und Herr des Hauses geworden ist, bleibt sie dennoch ein Fremder. Ganz anders der Geiz der tragischen Art. Er würde die verschiedenen Energien des Menschen anziehen und absorbieren, umwandeln und assimilieren: Gefühle und Neigungen, Vorlieben und Abneigungen, Laster und Tugenden würden zu etwas werden, dem der Geiz eine neue Art von Leben einhauchen würde.

Das scheint der erste wesentliche Unterschied zwischen der hochklassigen Komödie und dem Drama zu sein.

Es gibt noch einen zweiten, der viel offensichtlicher ist und sich aus dem ersten ergibt. Wenn uns ein geistiger Zustand mit dem Ziel geschildert wird, ihn dramatisch zu machen oder uns auch nur dazu zu bringen, ihn ernst zu nehmen, kristallisiert er sich allmählich in TATEN heraus, die das eigentliche Maß für seine Größe darstellen. So richtet der Geizhals sein ganzes Leben darauf aus, Reichtum zu erwerben, und der fromme Heuchler, der vorgibt, den Himmel im Blick zu haben, steuert seinen Weg sehr geschickt hier unten. Sicherlich schließt die Komödie derartige Berechnungen nicht aus; nehmen wir nur die Intrigen des Tartuffe als Beispiel. Aber das ist es, was die Komödie mit dem Drama gemeinsam hat; und um sich davon abzugrenzen, um zu verhindern, dass wir eine ernste Handlung ernst nehmen, kurz gesagt, um uns auf das Lachen vorzubereiten, bedient sich die Komödie einer Methode, deren Formel wie folgt lauten könnte: Anstatt unsere Aufmerksamkeit auf Handlungen zu richten, lenkt die Komödie sie auf Gesten. Unter GESTUREN verstehen wir hier die Haltungen, die Bewegungen und sogar die Sprache, mit denen sich ein geistiger Zustand nach außen hin ausdrückt, ohne Ziel oder Nutzen, aus keinem anderen Grund als einer Art innerem Juckreiz. Eine Geste, so definiert, unterscheidet sich grundlegend von einer Handlung. Die Handlung ist absichtlich oder zumindest bewusst, die Geste geschieht unbewusst, sie ist automatisch. Bei einer Handlung ist die ganze Person beteiligt, bei einer Geste drückt sich ein isolierter Teil der Person aus, der der gesamten Persönlichkeit unbekannt ist oder zumindest von ihr getrennt wird. Und schließlich - und das ist der entscheidende Punkt - steht die Handlung in einem exakten Verhältnis zu dem Gefühl, das sie auslöst: Das eine geht allmählich in das andere über, so dass wir unsere Sympathie oder Abneigung auf der Linie zwischen Gefühl und Handlung gleiten lassen können und uns immer mehr dafür interessieren. Die Geste hat jedoch etwas Explosives, das unsere Sensibilität weckt, wenn wir kurz davor sind, einzuschlafen, und das uns aufweckt und uns daran hindert, die Dinge ernst zu nehmen. Sobald unsere Aufmerksamkeit also auf die Geste und nicht auf die Handlung gerichtet ist, befinden wir uns im Reich der Komödie. Würden wir nur seine Handlungen berücksichtigen, würde Tartuffe zum Drama gehören: erst wenn wir seine Gesten berücksichtigen, finden wir ihn komisch. Sie erinnern sich vielleicht daran, wie er die Bühne mit den Worten betritt: "Laurent, schließen Sie mein Haarhemd und meine Geißel ein." Er weiß, dass Dorine ihm zuhört, aber zweifellos würde er dasselbe sagen, wenn sie nicht da wäre. Er schlüpft so sehr in die Rolle des Heuchlers, dass er sie fast aufrichtig spielt. Auf diese Weise, und nur auf diese Weise, kann er komisch werden. Wäre es nicht diese materielle Aufrichtigkeit, wären es nicht die Sprache und die Haltungen, die seine langjährige Erfahrung als Heuchler in natürliche Gesten verwandelt hat, wäre Tartuffe einfach nur widerlich, denn wir sollten nur an das denken, was in seinem Verhalten gemeint und gewollt ist. Und so sehen wir, warum Handlung im Drama wesentlich ist, in der Komödie aber nur Nebensache. In einer Komödie haben wir das Gefühl, dass jede andere Situation genauso gut hätte gewählt werden können, um die Figur einzuführen; er wäre immer noch derselbe Mann, auch wenn die Situation eine andere wäre. Aber diesen Eindruck haben wir in einem Drama nicht. Hier sind Charaktere und Situationen miteinander verschweißt, oder besser gesagt, die Ereignisse sind Teil der Personen, so dass wir es in Wirklichkeit mit anderen Personen zu tun hätten, wenn das Drama uns eine andere Geschichte erzählen würde, auch wenn die Schauspieler dieselben Namen behalten.

Zusammenfassend lässt sich sagen, dass es keine Rolle spielt, ob eine Figur gut oder schlecht ist: Wenn sie ungesellig ist, kann sie komisch werden. Wir sehen nun, dass auch der Ernst der Sache keine Rolle spielt: Ob ernst oder belanglos, es ist immer noch möglich, uns zum Lachen zu bringen, vorausgesetzt, wir achten darauf, unsere Gefühle nicht zu erregen. Unsozialität beim Darsteller und Gefühllosigkeit beim Zuschauer - das sind, mit einem Wort, die beiden wesentlichen Bedingungen. Es gibt noch eine dritte Bedingung, die in den beiden anderen implizit enthalten ist und die wir im Rahmen unserer Analyse herausstellen wollen.

Diese dritte Kondition ist der Automatismus. Wir haben von Anfang an auf diese dritte Bedingung hingewiesen und dabei immer wieder betont, dass das, was im Grunde lächerlich ist, das ist, was man automatisch tut. Bei einem Laster, selbst bei einer Tugend, ist das Komische das Element, mit dem sich die Person unwissentlich verrät - die unwillkürliche Geste oder die unbewusste Bemerkung. Zerstreutheit ist immer komisch. In der Tat ist die Komik umso größer, je tiefer die Zerstreutheit ist. Systematische Zerstreutheit, wie die des Don Quijote, ist das Komischste, was man sich vorstellen kann: Es ist das Komische selbst, das so nah wie möglich an der Quelle liegt. Nehmen Sie irgendeine andere komische Figur: wie unbewusst sie auch sein mag, was sie sagt oder tut, sie kann nicht komisch sein, es sei denn, es gibt irgendeinen Aspekt ihrer Person, dessen sie sich nicht bewusst ist, eine Seite ihres Wesens, die sie übersieht; allein deshalb bringt sie uns zum Lachen. *[Anmerkung: Wenn der Humorist über sich selbst lacht, spielt er in Wirklichkeit eine Doppelrolle; das Ich, das lacht, ist sich zwar bewusst, aber nicht das Ich, über das gelacht wird.]* Tiefgründig komische Sprüche sind solche, in denen sich ein Laster in seiner ganzen Nacktheit offenbart: Wie könnte es sich so entblößen, wenn es sich selbst sehen könnte, wie es ist? Es ist nicht ungewöhnlich, dass eine komische Figur ein bestimmtes Verhalten allgemein verurteilt und gleich darauf selbst ein Beispiel dafür gibt: zum Beispiel der Philosophielehrer von M. Jourdain, der in einen Wutanfall gerät, nachdem er gegen den Zorn gewettert hat; Vadius, der ein Gedicht aus seiner Tasche nimmt, nachdem er sich über die Leser von Gedichten lustig gemacht hat, usw. Was ist der Zweck solcher Widersprüche, außer uns zu helfen, die Selbstvergessenheit der Figuren gegenüber ihren eigenen Handlungen zu erkennen? Die Unachtsamkeit gegenüber sich selbst und folglich auch gegenüber anderen ist das, was wir unweigerlich feststellen. Und wenn wir uns die Sache genauer ansehen, sehen wir, dass Unaufmerksamkeit hier mit dem gleichzusetzen ist, was wir als Ungeselligkeit bezeichnet haben. Die Hauptursache für Starrheit ist das Versäumnis, sich umzuschauen - und vor allem, sich selbst zu betrachten: Wie kann ein Mensch seine Persönlichkeit nach der eines anderen gestalten, wenn er nicht zuerst andere und sich selbst studiert? Starrheit, Automatismus, Zerstreutheit und Ungeselligkeit sind untrennbar miteinander verwoben und dienen alle als Zutaten für die Entstehung des komischen Charakters.

Mit einem Wort, wenn wir bei der menschlichen Persönlichkeit den Teil beiseite lassen, der unsere Empfindsamkeit interessiert oder unser Gefühl anspricht, kann der ganze Rest komisch werden, und das Komische wird im Verhältnis zur Starrheit stehen. Diese Idee haben wir zu Beginn dieser Arbeit formuliert. Wir haben es in seinen wichtigsten Ergebnissen verifiziert und soeben auf die Definition der Komödie angewendet. Jetzt müssen wir näher herangehen und zeigen, wie es uns ermöglicht, die genaue Position der Komödie unter allen anderen Künsten abzugrenzen. In gewissem Sinne könnte man sagen, dass jeder Charakter komisch ist, vorausgesetzt, wir verstehen unter Charakter das vorgefertigte Element unserer Persönlichkeit, jenes mechanische Element, das einem ein für allemal aufgezogenen Uhrwerk gleicht und automatisch zu funktionieren vermag. Es ist, wenn Sie so wollen, das, was uns dazu bringt, uns selbst zu imitieren. Und genau aus diesem Grund ist es auch das, was es anderen ermöglicht, uns zu imitieren. Jede komische Figur ist ein Typus. Umgekehrt hat jede Ähnlichkeit mit einem Typus etwas Komisches an sich. Auch wenn wir lange Zeit mit einer Person zu tun hatten, ohne etwas an ihr zu entdecken, worüber wir lachen können, wird sie in unseren Augen ans Lächerliche grenzen, wenn wir eine zufällige Analogie nutzen, um sie mit dem Namen eines berühmten Helden der

Romantik oder des Dramas zu betiteln, wenn auch nur für einen Moment. Und doch ist dieser Held der Romantik vielleicht gar keine komische Figur. Aber dann ist es komisch, so zu sein wie er. Es ist komisch, aus sich selbst herauszugehen. Es ist komisch, in eine vorgefertigte Kategorie zu fallen. Und am komischsten ist es, selbst zu einer Kategorie zu werden, in die andere hineinfallen, wie in einen vorgefertigten Rahmen; es ist, sich zu einer Standardfigur herauszukristallisieren.

Die Darstellung von Charakteren, d.h. von allgemeinen Typen, ist also das Ziel der hochklassigen Komödie. Das ist schon oft gesagt worden. Aber es ist gut, es zu wiederholen, denn es könnte keine bessere Definition der Komödie geben. Wir sind nicht nur berechtigt zu sagen, dass die Komödie uns allgemeine Typen liefert, sondern wir können hinzufügen, dass sie die EINZIGE aller Künste ist, die auf das Allgemeine abzielt; sobald man ihr also dieses Ziel zuschreibt, hat man alles gesagt, was sie ist und was der Rest nicht sein kann. Um zu beweisen, dass dies wirklich das Wesen der Komödie ist und dass sie sich in dieser Hinsicht von der Tragödie, dem Drama und den anderen Kunstformen abhebt, sollten wir zunächst die Kunst in ihren höheren Formen definieren. Dann sollten wir allmählich zur komischen Poesie hinabsteigen und feststellen, dass diese sich auf der Grenze zwischen Kunst und Leben befindet und sich durch die Allgemeinheit ihres Themas von den übrigen Künsten abhebt. Wir können hier nicht in ein so umfangreiches Thema eintauchen, aber wir müssen die Grundzüge skizzieren, damit wir nicht übersehen, was unserer Meinung nach auf der komischen Bühne wesentlich ist.

Was ist das Ziel der Kunst? Könnte die Wirklichkeit in direkten Kontakt mit den Sinnen und dem Bewusstsein treten, könnten wir in unmittelbare Gemeinschaft mit den Dingen und mit uns selbst treten, wäre die Kunst wahrscheinlich überflüssig, oder besser gesagt, wir müssten alle Künstler sein, denn dann würde unsere Seele ständig in vollkommenem Einklang mit der Natur schwingen. Unsere Augen würden mit Hilfe der Erinnerung die unnachahmlichsten Bilder in den Raum meißeln und in der Zeit fixieren. In den lebendigen Marmor der menschlichen Gestalt eingemeißelt, würden Fragmente von Statuen, schön wie die Relikte der antiken Bildhauerei, den Blick des Vorübergehenden fesseln. Tief in unseren Seelen sollten wir die ununterbrochene Melodie unseres inneren Lebens hören, eine Musik, die manchmal fröhlich, aber häufiger klagend und immer originell ist. All dies ist um uns herum und in uns, und doch nehmen wir kein bisschen davon wahr. Zwischen der Natur und uns selbst, ja zwischen uns und unserem eigenen Bewusstsein liegt ein Schleier: ein Schleier, der für die gewöhnliche

Herde dicht und undurchsichtig ist, für den Künstler und den Dichter dünn, fast durchsichtig. Welche Fee hat diesen Schleier gewoben? Geschah es aus Bosheit oder aus Freundlichkeit? Wir mussten leben, und das Leben verlangt, dass wir die Dinge in ihrer Beziehung zu unseren eigenen Bedürfnissen begreifen. Leben ist Handeln. Leben bedeutet, nur die Nützlichkeit der Dinge zu akzeptieren, um mit angemessenen Reaktionen darauf reagieren zu können: alle anderen Eindrücke müssen abgeblendet werden oder erreichen uns nur vage und verschwommen. Ich schaue und denke, ich sehe, ich höre und denke, ich höre, ich untersuche mich und denke, ich lese in den Tiefen meines Herzens. Aber das, was ich von der äußeren Welt sehe und höre, ist lediglich eine Auswahl, die meine Sinne getroffen haben, um mein Verhalten zu erhellen; was ich von mir selbst weiß, ist das, was an die Oberfläche kommt, was an meinen Handlungen teilnimmt. Meine Sinne und mein Bewusstsein geben mir also nicht mehr als eine praktische Vereinfachung der Realität. In der Vision, die sie mir von mir selbst und den Dingen vermitteln, werden die Unterschiede, die für den Menschen nutzlos sind, verwischt und die Ähnlichkeiten, die für ihn nützlich sind, hervorgehoben. Diese Wege sind die Wege, die die gesamte Menschheit vor mir beschritten hat. Die Dinge sind im Hinblick auf den Nutzen, den ich aus ihnen ziehen kann, klassifiziert worden. Und es ist diese Klassifizierung, die ich viel deutlicher wahrnehme als die Farbe und die Form der Dinge. Zweifellos ist der Mensch den niederen Tieren in dieser Hinsicht weit überlegen. Es ist unwahrscheinlich, dass das Auge eines Wolfs zwischen einem Zicklein und einem Lamm unterscheidet; beide erscheinen dem Wolf als dieselbe identische Beute, auf die er sich ebenso leicht stürzen kann und die er ebenso gut verschlingen kann. Wir wiederum unterscheiden zwischen einer Ziege und einem Schaf. Aber können wir eine Ziege von einer anderen, ein Schaf von einem anderen unterscheiden? Die INDIVIDUALITÄT der Dinge oder der Wesen entgeht uns, es sei denn, es ist für uns von großem Vorteil, sie wahrzunehmen. Selbst wenn wir sie zur Kenntnis nehmen - etwa wenn wir einen Menschen von einem anderen unterscheiden - ist es nicht die Individualität selbst, die das Auge erfasst, d.h. eine völlig ursprüngliche Harmonie von Formen und Farben, sondern nur ein oder zwei Merkmale, die das praktische Erkennen erleichtern.

Kurz gesagt, wir sehen nicht die Dinge selbst; in den meisten Fällen beschränken wir uns darauf, die an ihnen angebrachten Etiketten zu lesen. Diese Tendenz, die sich aus der Not ergibt, hat sich unter dem Einfluss der Sprache noch verstärkt, denn Wörter - mit Ausnahme der Eigennamen - bezeichnen alle Gattungen. Das Wort, das nur die gewöhnlichste Funktion und den alltäglichsten Aspekt des Dings zur Kenntnis nimmt, steht zwischen ihm und uns und würde seine Form vor unseren Augen verbergen, wenn diese Form nicht bereits unter den Notwendigkeiten verborgen wäre, die das Wort ins Leben gerufen haben. Nicht nur äußere Objekte, sondern auch unsere eigenen geistigen Zustände werden in ihrem innersten, persönlichen Aspekt, in dem ursprünglichen Leben, das sie besitzen, vor uns abgeschirmt. Wenn wir Liebe oder Hass empfinden, wenn wir fröhlich oder traurig sind, ist es dann wirklich das Gefühl selbst, das unser Bewusstsein mit jenen unzähligen flüchtigen Bedeutungsschattierungen und tief klingenden Echos erreicht, die es zu etwas ganz Eigenem machen? Wenn es so wäre, müssten wir alle Schriftsteller, Dichter oder Musiker sein. Meistens nehmen wir jedoch nur die äußere Darstellung unseres Geisteszustandes wahr. Wir nehmen nur den unpersönlichen Aspekt unserer Gefühle wahr, jenen Aspekt, den die Sprache ein für alle Mal festgelegt hat, weil er für alle Menschen unter den gleichen Bedingungen fast gleich ist. Selbst in unserem eigenen Individuum entgeht uns also die Individualität. Wir bewegen uns inmitten von Allgemeinheiten und Symbolen, wie auf einem Verschiebebahnhof, auf dem unsere Kräfte effektiv gegen andere Kräfte ausgespielt werden; und fasziniert von der Handlung, von ihr zu unserem eigenen Wohl auf das von ihr gewählte Feld gelockt, leben wir in einer Zone auf halbem Weg zwischen den Dingen und uns selbst, äußerlich zu den Dingen, äußerlich auch zu uns selbst. Von Zeit zu Zeit jedoch bringt die Natur in einem Anfall von Zerstreutheit Seelen hervor, die vom Leben losgelöster sind. Nicht mit jener absichtlichen, logischen, systematischen Loslösung, die das Ergebnis von Reflexion und Philosophie ist, sondern eher mit einer natürlichen Loslösung, die der Struktur der Sinne oder des Bewusstseins innewohnt und sich sofort durch eine sozusagen jungfräuliche Art des Sehens, Hörens oder Denkens offenbart. Wäre diese Loslösung vollständig, wäre die Seele durch keine ihrer Wahrnehmungen mehr an die Handlung gebunden, so wäre sie die Seele eines Künstlers, wie ihn die Welt noch nicht gesehen hat. Sie würde sich in jeder Kunst gleichermaßen auszeichnen, oder besser gesagt, sie würde sie alle zu einer einzigen verschmelzen. Sie würde alle Dinge in ihrer ursprünglichen Reinheit wahrnehmen: die Formen, Farben, Klänge der physischen Welt ebenso wie die subtilsten Bewegungen des inneren Lebens. Aber das ist zu viel von der Natur verlangt. Selbst für diejenigen unter uns, die sie zu Künstlern gemacht hat, ist es ein Zufall, dass sie den Schleier nur auf einer Seite gelüftet hat. Nur in einer Richtung hat sie vergessen, die Wahrnehmung mit dem Bedürfnis zu vernieten. Und da jede Richtung dem entspricht, was wir einen SINN nennen, ist der Künstler in der Regel durch einen seiner Sinne, und nur durch diesen, mit der Kunst verbunden. Daher kommt ursprünglich die Vielfalt der Künste. Daher auch die Besonderheit der Veranlagungen. Er wendet sich den Farben und Formen zu, und da er die Farbe um der Farbe willen und die Form um der Form willen liebt, da er sie um ihrer selbst willen wahrnimmt und nicht um seiner selbst willen, ist es das innere Leben der Dinge, das er durch ihre Formen und Farben erscheinen sieht. Nach und nach führt er es in unsere eigene Wahrnehmung ein, auch wenn wir anfangs verwirrt sind. Zumindest für einige Augenblicke lenkt er uns von den Vorurteilen über Formen und Farben ab, die zwischen uns und der Wirklichkeit stehen. Und so verwirklicht er das höchste Ziel der Kunst, das darin besteht, uns die Natur zu offenbaren. Andere wiederum ziehen sich in sich selbst zurück. Hinter den tausend rudimentären Handlungen, die die äußeren und sichtbaren Zeichen einer Emotion sind, hinter dem alltäglichen, konventionellen Ausdruck, der einen individuellen Geisteszustand sowohl offenbart als auch verbirgt, ist es die Emotion, die ursprüngliche Stimmung, zu der sie in ihrer unbefleckten Essenz gelangen. Und dann, um uns zu veranlassen, die gleiche Anstrengung zu unternehmen, schaffen sie es, uns etwas von dem sehen zu lassen, was sie gesehen haben: Durch die rhythmische Anordnung der Worte, die auf diese Weise organisiert und mit einem eigenen Leben beseelt werden, erzählen sie uns - oder besser gesagt, sie deuten an - was die Sprache nicht ausdrücken sollte. Andere dringen noch tiefer vor. Unter diesen Freuden und Sorgen, die sich mit Mühe in Sprache übersetzen lassen, erfassen sie etwas, das nichts mit der Sprache gemein hat, bestimmte Rhythmen des Lebens und des Atems, die dem Menschen näher sind als seine innersten Gefühle, da sie das lebendige Gesetz seiner Begeisterung und seiner Verzweiflung, seiner Hoffnungen und seines Bedauerns sind, das sich mit jedem Menschen ändert. Indem sie diese Musik freisetzen und betonen, zwingen sie uns dazu, sie zu hören. Sie zwingen uns, unwillkürlich in sie einzusteigen, wie Passanten, die sich einem Tanz anschließen. Und so bringen sie uns dazu, in den Tiefen unseres Wesens einen geheimen Akkord in Bewegung zu setzen, der nur darauf wartete, erregt zu werden. Die Kunst, sei es die Malerei oder die Bildhauerei, die Poesie oder die Musik, hat also nichts anderes zum Ziel, als die utilitaristischen Symbole, die konventionellen und gesellschaftlich akzeptierten Allgemeinplätze, kurz, alles, was die Realität vor uns verschleiert, beiseite zu schieben, um uns mit der Realität selbst konfrontieren zu können. Es ist ein Missverständnis, dass der Streit zwischen Realismus und Idealismus in der Kunst entstanden ist. Die Kunst ist sicherlich nur eine direktere Vision der Realität. Aber diese Reinheit der Wahrnehmung impliziert einen Bruch mit der utilitaristischen Konvention, eine angeborene und besonders lokalisierte Desinteressiertheit des Sinnes oder des Bewusstseins, kurz gesagt, eine gewisse Immaterialität des Lebens, die immer als Idealismus bezeichnet wurde. Man könnte also sagen, ohne den Sinn der Worte zu verfälschen, dass der Realismus im Werk ist, wenn der Idealismus in der Seele ist, und dass wir nur durch die Idealität den Kontakt zur Wirklichkeit wieder aufnehmen können.

Die dramatische Kunst bildet keine Ausnahme von diesem Gesetz. Was das Drama zu entdecken und ans Licht zu bringen versucht, ist eine tief sitzende Realität, die uns - oft in unserem eigenen Interesse - durch die Notwendigkeiten des Lebens verborgen bleibt. Was ist diese Realität? Was sind diese Notwendigkeiten? Die Poesie drückt immer innere Zustände aus. Aber unter diesen Zuständen gibt es einige, die hauptsächlich durch den Kontakt mit unseren Mitmenschen entstehen. Sie sind sowohl die intensivsten als auch die heftigsten. So wie sich gegensätzliche elektrische Ladungen gegenseitig anziehen und sich zwischen den beiden Platten des Kondensators ansammeln, aus denen dann der Funke überspringt, so kommt es allein durch das Zusammentreffen von Menschen zu starken Anziehungen und Abstoßungen, gefolgt von einem völligen Verlust des Gleichgewichts, mit einem Wort, von jener Elektrisierung der Seele, die als Leidenschaft bekannt ist. Würde der Mensch dem Impuls seiner natürlichen Gefühle nachgeben, gäbe es weder ein soziales noch ein moralisches Gesetz, wären diese Ausbrüche heftiger Gefühle die Regel im Leben. Aber die Nützlichkeit verlangt, dass diese Ausbrüche vorhergesehen und abgewehrt werden. Der Mensch muss in der Gesellschaft leben und sich daher Regeln unterwerfen. Und was das Interesse rät, befiehlt die Vernunft: Die Pflicht ruft, und wir müssen der Aufforderung gehorchen. Unter diesem doppelten Einfluss hat sich zwangsläufig eine äußere Schicht von Gefühlen und Ideen gebildet, die für Beständigkeit sorgen, die darauf abzielen, allen Menschen gemeinsam zu werden, und die, wenn sie nicht stark genug sind, sie zu löschen, das innere Feuer der individuellen Leidenschaften überdecken. Der langsame Fortschritt der Menschheit in Richtung eines immer friedlicheren sozialen Lebens hat diese Schicht allmählich gefestigt, so wie das Leben unseres Planeten selbst ein einziges langes Bemühen war, die feurige Masse der brodelnden Metalle mit einer kühlen und festen Kruste zu bedecken. Aber Vulkanausbrüche kommen vor. Und wenn die Erde ein lebendiges Wesen wäre, wie es die Mythologie vorgaukelt, dann würde sie wahrscheinlich, wenn sie sich ausruht, mit Vergnügen von diesen plötzlichen Explosionen träumen, durch die sie plötzlich wieder von ihrem innersten Wesen Besitz ergreift. Das ist genau die Art von Vergnügen, die uns das Drama bietet. Unter dem ruhigen, eintönigen Leben, das die Vernunft und die Gesellschaft für uns geschaffen haben, weckt es etwas in uns, das glücklicherweise nicht explodiert, sondern uns in seiner inneren Spannung spüren lässt. Es bietet der Natur ihre Rache an der Gesellschaft an. Manchmal steuert sie geradewegs auf das Ziel zu, indem sie Leidenschaften aus der Tiefe an die Oberfläche holt, die einen allgemeinen Aufruhr auslösen. Manchmal führt es eine Flankenbewegung aus, wie es im zeitgenössischen Drama oft der Fall ist. Mit einem oft sophistischen Geschick zeigt es die Widersprüche der Gesellschaft auf, übertreibt die Täuschungen und Schibboleths des sozialen Gesetzes und bringt uns so indirekt, indem es nur die äußere Kruste auflöst oder zersetzt, wieder zum inneren Kern zurück. Aber in beiden Fällen, ob es nun die Gesellschaft schwächt oder die Natur stärkt, hat es dasselbe Ziel: einen geheimen Teil von uns selbst freizulegen, das, was man das tragische Element in unserem Charakter nennen könnte.

Das ist in der Tat der Eindruck, den wir haben, nachdem wir ein mitreißendes Drama gesehen haben. Was uns soeben interessiert hat, ist nicht so sehr das, was uns über andere erzählt wurde, sondern der Blick, den wir auf uns selbst erhaschen konnten - eine ganze Reihe von geisterhaften Gefühlen, Emotionen und Ereignissen, die gerne in der Realität aufgetaucht wären, es aber zu unserem Glück nicht sind. Es scheint auch, als ob in uns ein Appell an bestimmte Ahnenerinnerungen aus einer weit entfernten Vergangenheit ergeht - Erinnerungen, die so tief sitzen und unserem gegenwärtigen Leben so fremd sind, dass letzteres für einen Moment als etwas Unwirkliches und Konventionelles erscheint, für das wir eine neue Lehre absolvieren müssen. Es ist also in der Tat eine tiefere Realität, die das Drama unter unseren oberflächlichen und utilitaristischen Errungenschaften hervorholt, und diese Kunst hat dasselbe Ziel vor Augen wie alle anderen.

Daraus folgt, dass Kunst immer auf das INDIVIDUELLE abzielt. Was der Künstler auf seiner Leinwand festhält, ist etwas, das er an einem bestimmten Ort, an einem bestimmten Tag, zu einer bestimmten Stunde gesehen hat, mit einer Färbung, die nie wieder zu sehen sein wird. Was der Dichter besingt, ist eine bestimmte Stimmung, die nur ihm gehörte und die nie wiederkehren wird. Was der Dramatiker vor uns ausbreitet, ist die Lebensgeschichte einer Seele, ein lebendiges Gewebe von Gefühlen und Ereignissen - kurz gesagt, etwas, das einmal geschehen ist und sich nie wiederholen kann. Wir können diesen Gefühlen zwar allgemeine Namen geben, aber sie können in einer anderen Seele nicht dasselbe sein. Sie sind INDIVIDUALISIERT. Dadurch, und nur dadurch, gehören sie zur Kunst; denn Allgemeinheiten, Symbole oder sogar Typen, bilden die gängige Münze unserer täglichen Wahrnehmung. Wie kommt es also zu einem Missverständnis in diesem Punkt?

Der Grund liegt darin, dass man zwei sehr unterschiedliche Dinge miteinander verwechselt hat: die Allgemeinheit der Dinge und die der Meinungen, die wir über sie haben. Nur weil ein Gefühl allgemein als wahr anerkannt wird, heißt das nicht, dass es ein allgemeines Gefühl ist. Nichts könnte einzigartiger sein als der Charakter von Hamlet. Auch wenn er in mancher Hinsicht anderen Menschen ähnelt, ist es eindeutig nicht der Grund, warum er uns am meisten interessiert. Aber er ist allgemein akzeptiert und wird als lebendige Figur angesehen. Nur in diesem Sinne ist er universell wahr. Das Gleiche gilt für alle anderen Produkte der Kunst. Jedes von ihnen ist einzigartig, und doch wird es, wenn es den Stempel des Genies trägt, von allen akzeptiert werden. Warum wird es akzeptiert werden? Und wenn es einzigartig in seiner Art ist, woran erkennen wir dann, dass es echt ist? Offensichtlich an der Anstrengung, die es uns abverlangt, uns gegen unsere Veranlagung zu wehren, um aufrichtig zu sehen. Aufrichtigkeit ist ansteckend. Was der Künstler gesehen hat, werden wir wahrscheinlich nie wieder oder zumindest nie wieder auf genau dieselbe Weise sehen. Aber wenn er es tatsächlich gesehen hat, zwingt uns der Versuch, den Schleier zu lüften, zur Nachahmung. Sein Werk ist ein Beispiel, das wir als Lektion nehmen. Und die Wirksamkeit der Lektion ist der genaue Maßstab für die Echtheit des Werks. Folglich trägt die Wahrheit eine Kraft der Überzeugung, ja der Bekehrung in sich, die das Zeichen ist, an dem wir sie erkennen können. Je größer das Werk und je tiefer die nur schemenhaft erkennbare Wahrheit ist, desto länger kann die Wirkung auf sich warten lassen, aber desto universeller wird sie sein. Die Universalität liegt hier also in der Wirkung und nicht in der Ursache.

Ganz anders ist der Gegenstand der Komödie. Hier ist es das Werk selbst, in dem die Universalität liegt. Die Komödie stellt Figuren dar, denen wir bereits begegnet sind und die wir wiedersehen werden. Sie nimmt Ähnlichkeiten zur Kenntnis. Sie zielt darauf ab, uns Typen vor Augen zu führen. Sie erschafft sogar neue Typen, wenn nötig. In dieser Hinsicht bildet sie einen Gegensatz zu allen anderen Künsten.

Schon die Titel einiger klassischer Komödien sind bezeichnend für sich. Le Misanthrope, l'Avare, le Joueur, le Distrait usw. sind Namen ganzer Klassen von Menschen; und selbst wenn eine Charakterkomödie einen Eigennamen als Titel hat, wird dieser Eigenname durch das Gewicht seines Inhalts schnell in den Strom der gewöhnlichen Substantive gespült. Wir sagen "ein

Tartuffe", aber wir sollten niemals "eine Phedre" oder "eine Polyeucte" sagen.

Vor allem wird ein tragischer Dichter nie auf die Idee kommen, um die Hauptfigur seines Stücks nebensächliche Figuren zu gruppieren, die sozusagen als vereinfachte Kopien der Hauptfigur dienen. Der Held einer Tragödie verkörpert eine in ihrer Art einzigartige Individualität. Es mag möglich sein, ihn zu imitieren, aber dann würden wir, ob bewusst oder unbewusst, vom Tragischen zum Komischen übergehen. Niemand ist wie er, weil er niemandem gleicht. Im Gegenteil, ein bemerkenswerter Instinkt treibt den Komödiendichter, sobald er seine Hauptfigur ausgearbeitet hat, dazu, andere Figuren, die dieselben allgemeinen Züge aufweisen, als Trabanten um sie kreisen zu lassen. Viele Komödien haben entweder einen Plural oder einen Sammelbegriff als Titel. "Les Femmes savantes", "Les Precieuses ridicules", "Le Monde ou l'on s'ennuie" usw. sind so viele Sammelpunkte auf der Bühne, die von verschiedenen Gruppen von Charakteren eingenommen werden, die alle zu einem identischen Typus gehören. Es wäre interessant, diese Tendenz in der Komödie zu analysieren. Vielleicht haben die Dramatiker eine Tatsache erkannt, die vor kurzem von der Psychopathologie aufgezeigt wurde, nämlich dass Verrückte der gleichen Art durch eine geheime Anziehungskraft angezogen werden, um die Gesellschaft des anderen zu suchen. Ohne genau in den Bereich der Medizin zu fallen, ist das komische Individuum, wie wir gezeigt haben, in gewisser Weise zerstreut, und der Übergang von Zerstreutheit zu Verschrobenheit ist kontinuierlich. Aber es gibt noch einen anderen Grund. Wenn es dem komischen Dichter darum geht, uns Typen anzubieten, d.h. Charaktere, die sich selbst wiederholen können, wie könnte er es besser machen, als indem er uns in jedem Fall mehrere verschiedene Kopien desselben Modells zeigt? Das ist genau das, was der Naturforscher tut, um eine Art zu definieren. Er zählt die wichtigsten Arten auf und beschreibt sie.

Dieser wesentliche Unterschied zwischen Tragödie und Komödie, wobei sich die Tragödie mit Individuen und die Komödie mit Klassen befasst, wird noch auf eine andere Weise deutlich. Es taucht bereits im ersten Entwurf des Werks auf. Von Anfang an wird es durch zwei radikal unterschiedliche Beobachtungsmethoden manifestiert.

Auch wenn die Behauptung paradox erscheinen mag, ist ein Studium anderer Menschen für den tragischen Dichter wahrscheinlich nicht notwendig. Wir stellen fest, dass einige der großen Dichter ein zurückgezogenes, häusliches Leben geführt haben, ohne die Chance zu haben, Zeuge eines Ausbruchs der Leidenschaften zu werden, die sie so treffend beschrieben haben. Aber selbst wenn sie Zeuge eines solchen Spektakels geworden wären, ist es zweifelhaft, ob sie es für nützlich befunden hätten. Denn was uns an den Werken der Dichter interessiert, ist der Blick auf bestimmte tiefe Stimmungen oder innere Kämpfe. Dieser Einblick kann nicht von außen gewährt werden. Unsere Seelen sind füreinander undurchdringlich. Bestimmte Zeichen der Leidenschaft sind alles, was wir äußerlich wahrnehmen. Diese interpretieren wir - übrigens immer fehlerhaft - nur in Analogie zu dem, was wir selbst erlebt haben. Das, was wir erleben, ist also die Hauptsache, und wir können nichts anderes als unser eigenes Herz gründlich kennenlernen - vorausgesetzt, wir kommen überhaupt so weit. Bedeutet das, dass der Dichter das, was er beschreibt, selbst erlebt hat, dass er die verschiedenen Situationen, die er seine Figuren durchlaufen lässt, selbst durchlebt und ihr ganzes Innenleben erfahren hat? Auch hier würden die Biographien der Dichter einer solchen Annahme widersprechen. Wie hätte ein und derselbe Mann Macbeth, Hamlet, Othello, König Lear und viele andere sein können? Aber vielleicht sollte hier ein Unterschied gemacht werden zwischen der Persönlichkeit, die wir haben, und all denen, die wir hätten haben können. Unser Charakter ist das Ergebnis einer Wahl, die sich ständig erneuert. Es gibt Punkte - so scheint es jedenfalls - auf dem Weg, an denen wir abzweigen können, und wir nehmen viele mögliche Richtungen wahr, obwohl wir nicht in der Lage sind, mehr als eine einzuschlagen. Die eigenen Schritte zurückzuverfolgen und den schwach erkennbaren Richtungen bis zum Ende zu folgen, scheint das wesentliche Element der poetischen Phantasie zu sein. Natürlich war Shakespeare weder Macbeth, noch Hamlet, noch Othello; dennoch HÄTTE er diese verschiedenen Charaktere SEIN KÖNNEN, wenn die Umstände des Falles auf der einen Seite und die Zustimmung seines Willens auf der anderen Seite dazu geführt hätten, dass das, was nichts anderes als eine innere Eingebung war, in eine explosive Handlung ausbrach. Wir täuschen uns seltsam über die Rolle der dichterischen Phantasie, wenn wir glauben, dass sie ihre Helden aus Bruchstücken zusammensetzt, die sie von rechts und links zusammengeklaubt hat, als würde sie das Gewand eines Harlekins zusammenflicken. Daraus würde nichts Lebendiges entstehen. Das Leben kann nicht neu zusammengesetzt werden, es kann nur betrachtet und reproduziert werden. Poetische Phantasie ist nichts anderes als ein umfassenderer Blick auf die Realität. Wenn die von einem Dichter geschaffenen Figuren uns den Eindruck von Leben vermitteln, dann nur, weil sie der Dichter selbst sind, eine Vervielfältigung oder Teilung des Dichters, der Dichter, der die Tiefen seiner eigenen Natur mit einer so starken Anstrengung innerer Beobachtung auslotet, dass er das Potenzial im Realen erfasst und das, was die Natur als bloßen Umriss oder Skizze in seiner Seele hinterlassen hat, aufgreift, um daraus ein fertiges Kunstwerk zu machen.

Ganz anders ist die Art der Beobachtung, der die Komödie entspringt. Sie ist nach außen gerichtet. Wie sehr sich ein Dramatiker auch für die komischen Züge der menschlichen Natur interessieren mag, er wird wohl kaum so weit gehen, seine eigenen zu entdecken. Außerdem würde er sie nicht finden, denn wir sind nie lächerlich, es sei denn in einem Punkt, der unserem eigenen Bewusstsein verborgen bleibt. Es sind also die anderen, an denen eine solche Beobachtung zwangsläufig durchgeführt werden muss. Aber genau aus diesem Grund wird sie einen allgemeinen Charakter annehmen, den sie nicht haben kann, wenn wir sie auf uns selbst anwenden. Wenn sie sich an der Oberfläche niederlässt, wird sie nicht mehr als eine oberflächliche Betrachtung sein, die sich mit Personen an dem Punkt befasst, an dem sie miteinander in Berührung kommen und sich ähneln können. Weiter wird sie nicht gehen. Selbst wenn sie es könnte, würde sie es nicht wollen, denn sie hätte dabei nichts zu gewinnen.

Zu tief in die Persönlichkeit einzudringen, die äußere Wirkung mit zu tief sitzenden Ursachen zu verbinden, würde bedeuten, alles Lächerliche in der Wirkung zu gefährden und letztlich zu opfern. Damit wir in Versuchung kommen, über es zu lachen, müssen wir seine Ursache in irgendeiner Zwischenregion der Seele lokalisieren. Folglich muss uns der Effekt als Durchschnittseffekt erscheinen, als Ausdruck eines Durchschnitts der Menschheit. Und wie alle Durchschnittswerte wird auch dieser durch die Zusammenführung verstreuter Daten, durch den Vergleich analoger Fälle und die Extraktion ihrer Essenz, kurz gesagt durch einen Prozess der Abstraktion und Verallgemeinerung gewonnen, der dem ähnelt, den der Physiker auf die Fakten anwendet, um sie in Gesetzen zusammenzufassen. Mit einem Wort, Methode und Ziel sind hier von der gleichen Art wie in den induktiven Wissenschaften, da die Beobachtung immer extern und das Ergebnis immer allgemein ist.

Und so kommen wir auf Umwegen zu der doppelten Schlussfolgerung zurück, zu der wir im Laufe unserer Untersuchungen gelangt sind. Einerseits ist ein Mensch niemals lächerlich, es sei denn, er hat eine geistige Eigenschaft, die der Geistesabwesenheit ähnelt, etwas, das auf ihm lebt, ohne Teil seines Organismus zu sein, wie ein Parasit; das ist der Grund, warum dieser Geisteszustand von außen beobachtbar und korrigierbar ist. Aber andererseits ist es gerade deshalb, weil das Lachen korrigierend wirken soll, sinnvoll, dass die Korrektur eine möglichst große Zahl von Menschen erreicht. Das ist der Grund, warum die komische Beobachtung instinktiv auf das Allgemeine abzielt. Sie wählt solche Besonderheiten aus, die sich reproduzieren lassen und daher nicht untrennbar mit der Individualität einer einzelnen Person verbunden sind, sozusagen eine gemeinsame Art von Ungewöhnlichkeit, Besonderheiten, die allgemein bekannt sind. Indem es sie auf die Bühne überträgt, schafft es Werke, die zweifellos zur Kunst gehören, weil ihr einziges sichtbares Ziel darin besteht, zu gefallen, die sich aber aufgrund ihrer Allgemeinheit und auch aufgrund ihrer kaum eingestandenen oder kaum bewussten Absicht, zu korrigieren und zu belehren, von anderen Kunstwerken abheben werden. Wir hatten also wahrscheinlich Recht, als wir sagten, dass die Komödie auf halbem Wege zwischen Kunst und Leben liegt. Sie ist nicht so uneigennützig wie die echte Kunst. Indem sie das Lachen organisiert, akzeptiert die Komödie das gesellschaftliche Leben als natürliche Umgebung, sie gehorcht sogar einem Impuls des gesellschaftlichen Lebens. Und in dieser Hinsicht wendet sie sich von der Kunst ab, die eine Abkehr von der Gesellschaft und eine Rückkehr zur reinen Natur bedeutet.

II

Lassen Sie uns nun im Lichte der vorangegangenen Ausführungen sehen, wie wir einen idealen komischen Charaktertypus schaffen können, komisch in sich selbst, in seinem Ursprung und in all seinen Erscheinungsformen. Er muss tief verwurzelt sein, um die Komödie mit unerschöpflichem Stoff zu versorgen, und doch oberflächlich, damit er im Rahmen der Komödie bleibt; unsichtbar für seinen eigentlichen Besitzer, denn das Komische hat immer Anteil am Unbewussten, aber sichtbar für alle anderen, damit er allgemeines Gelächter hervorruft, äußerst rücksichtsvoll gegenüber sich selbst, damit er ohne Skrupel zur Schau gestellt werden kann, aber nervig für andere, damit sie ihn ohne Mitleid verdrängen; sofort unterdrückbar, damit unser Lachen nicht umsonst war, aber sicher unter neuen Aspekten wieder auftaucht, damit das Lachen immer etwas zu tun findet; untrennbar mit dem gesellschaftlichen Leben verbunden, obwohl es für die Gesellschaft unerträglich ist; fähig - damit es die denkbar vielfältigsten Formen annehmen kann - an alle Laster und sogar an viele Tugenden angehängt zu werden. Wahrlich eine stattliche Anzahl von Elementen, die man miteinander verschmelzen kann! Aber ein Chemiker der Seele, der mit dieser aufwendigen Zubereitung betraut ist, würde etwas enttäuscht sein, wenn er den Inhalt seiner Retorte ausgießt. Er würde feststellen, dass er sich sehr viel Mühe gegeben hat, um eine Mischung zusammenzustellen, die man ohne großen Aufwand und ohne Kosten erhält, denn sie ist in der Menschheit so verbreitet wie die Luft in der Natur.

Diese Mischung ist die Eitelkeit. Wahrscheinlich gibt es keinen einzigen Fehler, der oberflächlicher oder tiefer verwurzelt ist. Die Wunden, die es erleidet, sind nie sehr ernst, und doch werden sie selten geheilt. Die Dienste, die ihm erwiesen werden, sind die unwirklichsten aller Dienste, und doch sind es gerade sie, die auf dauerhafte Dankbarkeit stoßen. Es ist kaum ein Laster, und doch werden alle Laster in seinen Bann gezogen und sind in dem Maße, wie sie raffinierter und künstlicher werden, nichts anderes als ein Mittel, um es zu befriedigen. Es ist das Ergebnis des gesellschaftlichen Lebens, denn es ist die Bewunderung für uns selbst, die auf der Bewunderung beruht, die wir in anderen zu wecken glauben, und es ist sogar noch natürlicher und angeborener als der Egoismus, denn der Egoismus kann von Natur aus besiegt werden, während die Eitelkeit nur durch Nachdenken überwunden werden kann. Es scheint in der Tat nicht so, als ob der Mensch jemals bescheiden geboren wurde, es sei denn, wir bezeichnen mit dem Namen Bescheidenheit eine Art rein körperliche Schüchternheit, die dem Stolz näher ist, als allgemein angenommen wird. Wahre Bescheidenheit kann nichts anderes sein als eine Besinnung auf die Eitelkeit. Sie entspringt dem Anblick der Fehler anderer und der Furcht, ebenfalls getäuscht zu werden. Es ist eine Art wissenschaftliche Vorsicht in Bezug auf das, was wir über uns selbst sagen und denken werden. Sie besteht aus Verbesserungen und Nachbesserungen. Kurz gesagt, es ist eine erworbene Tugend.

Es ist nicht einfach, den Punkt zu definieren, an dem sich das Bestreben, bescheiden zu werden, von der Furcht, sich lächerlich zu machen, unterscheiden lässt. Aber sicherlich sind diese Furcht und diese Angst zunächst einmal ein und dasselbe. Eine vollständige Untersuchung der Illusionen der Eitelkeit und der Lächerlichkeit, die ihnen anhaftet, würde ein seltsames Licht auf die gesamte Theorie des Lachens werfen. Wir würden feststellen, dass das Lachen mit mathematischer Regelmäßigkeit eine seiner Hauptfunktionen erfüllt, nämlich eine gewisse Selbstbewunderung, die fast automatisch eintritt, in das vollständige Selbstbewusstsein zurückzubringen und so die größtmögliche Geselligkeit der Charaktere zu erreichen. Wir sollten sehen, dass die Eitelkeit, obwohl sie ein natürliches Produkt des gesellschaftlichen Lebens ist, der Gesellschaft schadet, so wie gewisse leichte Gifte, die der menschliche Organismus ständig absondert, ihn auf Dauer zerstören würden, wenn sie nicht durch andere Absonderungen neutralisiert würden. Das Lachen wirkt unaufhörlich in dieser Weise. In dieser Hinsicht könnte man sagen, dass das spezifische Heilmittel für Eitelkeit das Lachen ist, und dass der einzige Mangel, der im Wesentlichen lächerlich ist, die Eitelkeit ist.

Als wir uns mit dem Komischen in Form und Bewegung beschäftigten, haben wir gezeigt, wie jedes einfache Bild, das in sich selbst lächerlich ist, sich in andere, komplexere Bilder einschleichen und ihnen etwas von seiner komischen Essenz einflößen kann; so können die höchsten Formen des Komischen manchmal durch die niedrigsten erklärt werden. Der umgekehrte Prozess ist jedoch vielleicht noch häufiger, und viele grobe komische Effekte sind das direkte Ergebnis eines Abfalls von einem sehr subtilen komischen Element. Eitelkeit zum Beispiel, die höhere Form der Komik, ist ein Element, nach dem wir, wenn auch unbewusst, in jeder Manifestation menschlicher Aktivität suchen. Wir suchen danach, und sei es nur, um darüber zu lachen. In der Tat findet unsere Phantasie es oft dort, wo es nichts zu suchen hat. Vielleicht müssen wir dieser Quelle das ganz und gar grob komische Element in bestimmten Effekten zuschreiben, die die Psychologen nur sehr unzureichend durch Kontraste erklärt haben: ein kleiner Mann, der sich verbeugt, um unter einer großen Tür hindurchzugehen; zwei Personen, von denen die eine sehr groß und die andere nur ein Zwerg ist, die ernsthaft Arm in Arm einhergehen, usw. Wenn wir das letztgenannte Bild genau betrachten, werden wir wahrscheinlich feststellen, dass die kleinere der beiden Personen versucht, sich auf die Höhe der größeren zu erheben, wie der Frosch, der so groß wie der Ochse werden wollte.

III

Es wäre völlig unmöglich, alle Eigenheiten des Charakters aufzuzählen, die sich entweder mit der Eitelkeit vereinen oder mit ihr konkurrieren, um sich der Aufmerksamkeit des komischen Dichters aufzudrängen. Wir haben gezeigt, dass alle Schwächen lächerlich werden können, und gelegentlich sogar so manche gute Eigenschaft. Selbst wenn man eine Liste aller Eigenheiten aufstellen würde, die jemals als lächerlich empfunden wurden, würde die Komödie es schaffen, sie zu ergänzen, und zwar nicht, indem sie künstliche Eigenheiten erschafft, sondern indem sie Entwicklungslinien der Komik entdeckt, die bisher unbemerkt geblieben waren; so isoliert die Phantasie immer neue Figuren im komplizierten Muster ein und desselben Wandteppichs. Die wesentliche Kondition ist, wie wir wissen, dass die beobachtete Besonderheit sofort als eine Art KATEGORIE erscheint, in die eine Reihe von Individuen eintreten kann.

Nun, es gibt fertige Kategorien, die von der Gesellschaft selbst geschaffen wurden und für sie notwendig sind, weil sie auf Arbeitsteilung beruht. Wir meinen damit die verschiedenen Berufe, öffentlichen Dienste und Pro-

fessionen. Jeder einzelne Beruf prägt seinen Mitgliedern bestimmte Geisteshaltungen und charakterliche Eigenheiten ein, in denen sie einander ähneln
und sich auch von den anderen unterscheiden. Auf diese Weise bilden sich
kleine Gesellschaften im Schoße der Gesellschaft im Ganzen. Zweifelsohne
entstehen sie aus der Organisation der Gesellschaft als Ganzes. Und dennoch, wenn sie sich zu sehr abgrenzen würden, bestünde die Gefahr, dass sie
der Geselligkeit schaden.

Nun, es ist die Aufgabe des Lachens, jede separatistische Tendenz zu
unterdrücken. Seine Funktion ist es, Starrheit in Plastizität zu verwandeln,
das Individuum an das Ganze anzupassen, kurz gesagt, die Ecken abzurunden, wo immer sie auftauchen. Dementsprechend finden wir hier eine
Spezies des Komischen, deren Spielarten man im Voraus berechnen kann.
Wir nennen sie den PROFESSIONELLEN COMIC.

Anstatt auf diese Spielarten im Detail einzugehen, ziehen wir es vor, ihre
Gemeinsamkeiten zu betonen. An erster Stelle steht die professionelle Eitelkeit. Jeder von M. Jourdains Lehrern erhebt seine eigene Kunst über alle
anderen. In einem Stück von Labiche gibt es eine Figur, die nicht verstehen
kann, wie es möglich ist, etwas anderes zu sein als ein Holzhändler. Natürlich ist er selbst ein Holzhändler. Beachten Sie, dass die Eitelkeit hier dazu
neigt, in die SOLEMNITÄT überzugehen, und zwar in dem Maße, wie der
betreffende Beruf von Quacksalberei geprägt ist. Denn es ist eine bemerkenswerte Tatsache, dass je fragwürdiger eine Kunst, eine Wissenschaft oder
ein Beruf ist, desto mehr neigen diejenigen, die ihn ausüben, dazu, sich als
eine Art Priesterschaft zu betrachten und zu fordern, dass sich alle vor seinen
Geheimnissen verneigen sollten. Nützliche Berufe sind eindeutig für die
Öffentlichkeit bestimmt, aber diejenigen, deren Nutzen eher zweifelhaft ist,
können ihre Existenz nur dadurch rechtfertigen, dass sie annehmen, dass die
Öffentlichkeit für sie bestimmt ist: Das ist genau die Illusion, die der Feierlichkeit zugrunde liegt. Fast alles Komische in Molieres Ärzten stammt aus
dieser Quelle. Sie behandeln den Patienten, als wäre er für die Ärzte geschaffen worden, und die Natur selbst als Anhängsel der Medizin.

Eine andere Form dieser komischen Starrheit ist das, was man als PRO
FESSIONELLE BESCHWERLICHKEIT bezeichnen könnte. Die komische
Figur ist so fest in den starren Rahmen ihrer Funktionen gezwängt, dass sie
keinen Raum hat, sich zu bewegen oder bewegt zu werden wie andere Menschen. Denken Sie nur an die Antwort, die Isabelle von Perrin Dandin, dem
Richter, erhält, als sie ihn fragt, wie er es ertragen kann, zuzusehen, wenn die
armen Kerle gefoltert werden: Bah! cela fait toujours passer une heure ou
deux.

[Anmerkung: Ach! Es hilft immer, eine oder zwei Stunden zu vertreiben.]
Zeigt nicht auch Tartuffe eine Art von professioneller Gefühllosigkeit, wenn er sagt - es ist wahr, aus dem Mund von Orgon: Et je verrais mourir frere, enfants, mere et femme, Que je m'en soucierais autant que de cela!

[Anmerkung: Lass Bruder, Kinder, Mutter und Frau sterben, was kümmert es mich!]
Das gängigste Mittel, um einen Beruf lächerlich zu machen, besteht jedoch darin, ihn sozusagen in die vier Ecken seines eigenen Jargons zu beschränken. Richter, Ärzte und Soldaten werden dazu gebracht, die Sprache des Rechts, der Medizin und der Strategie auf die alltäglichen Angelegenheiten des Lebens anzuwenden, als ob sie unfähig geworden wären, wie normale Menschen zu sprechen. In der Regel ist diese Art von Skurrilität eher grobschlächtig. Es wird jedoch, wie wir bereits gesagt haben, raffinierter, wenn es neben einer beruflichen Gewohnheit auch eine charakterliche Besonderheit offenbart. Nehmen wir nur Regnards Joueur, der sich mit äußerster Originalität in Begriffen ausdrückt, die dem Glücksspiel entlehnt sind, indem er seinem Diener den Namen Hector gibt und seine Verlobte Pallas nennt, du nom connu de la Dame de Pique; *[Anmerkung: Pallas, nach dem bekannten Namen der Pik-Dame]* oder Molieres Femmes savantes, wo das komische Element offensichtlich größtenteils in der Übersetzung von Ideen wissenschaftlicher Natur in Begriffe weiblicher Sensibilität besteht: "Epicure me plait..." (Epikur ist charmant), "J'aime les tourbillons" (Ich liebe Wirbel), usw. Sie müssen nur den dritten Akt lesen, um festzustellen, dass Armande, Philaminte und Belise sich fast ausnahmslos in diesem Stil ausdrücken.

Wenn wir weiter in dieselbe Richtung gehen, stellen wir fest, dass es auch so etwas wie eine professionelle Logik gibt, d.h. bestimmte Argumentationsweisen, die in bestimmten Kreisen üblich sind, die für diese Kreise gelten, aber für den Rest des Publikums unwahr sind. Der Kontrast zwischen diesen beiden Arten von Logik - die eine partikulär, die andere universell - führt zu komischen Effekten besonderer Art, auf die wir mit Vorteil näher eingehen können. Hier berühren wir einen Punkt, der für die Theorie des Lachens von einiger Bedeutung ist. Wir schlagen daher vor, die Frage weiter zu fassen und sie in ihrem allgemeinsten Aspekt zu betrachten.

IV

So sehr wir uns auch bemühen, die tiefsitzende Ursache des Komischen zu entdecken, so sehr mussten wir bisher eines seiner auffälligsten Phänomene vernachlässigen. Wir sprechen von der Logik, die der komischen Figur und der komischen Gruppe eigen ist, einer seltsamen Art von Logik, die in manchen Fällen eine Menge Absurdität beinhalten kann.

Theophile Gautier sagte, dass das Komische in seiner extremen Form die Logik des Absurden sei. Mehr als eine Philosophie des Lachens dreht sich um eine ähnliche Idee. Jeder komische Effekt, so heißt es, impliziert in einigen seiner Aspekte Widersprüche. Das, was uns zum Lachen bringt, ist angeblich das Absurde in konkreter Form, eine "greifbare Absurdität";- oder wiederum eine scheinbare Absurdität, die wir für den Moment schlucken, um sie gleich darauf wieder zu korrigieren;- oder, besser noch, etwas, das von einem Standpunkt aus absurd ist, aber von einem anderen aus eine natürliche Erklärung hat, usw. Alle diese Theorien mögen einen Teil der Wahrheit enthalten, aber zunächst einmal gelten sie nur für bestimmte, ziemlich offensichtliche komische Effekte, und selbst dort, wo sie gelten, berücksichtigen sie offensichtlich nicht das charakteristische Element des Lächerlichen, d.h. die BESONDERE ART der Absurdität, die das Komische enthält, wenn es etwas Absurdes enthält. Ist ein unmittelbarer Beweis dafür gewünscht? Sie brauchen nur eine dieser Definitionen zu wählen und sich Effekte nach dieser Formel auszudenken: In zwei von drei Fällen wird der erzielte Effekt nichts Lächerliches enthalten. Wir sehen also, dass Absurdität, wenn sie in der Komik auftritt, keine Absurdität IM ALLGEMEINEN ist. Es ist eine Absurdität einer ganz bestimmten Art. Es erschafft das Komische nicht, sondern man könnte sagen, dass das Komische ihm sein eigenes, besonderes Wesen einhaucht. Es ist keine Ursache, sondern eine Wirkung - eine Wirkung ganz besonderer Art, die die besondere Natur ihrer Ursache widerspiegelt. Diese Ursache ist uns bekannt, daher werden wir keine Schwierigkeiten haben, die Natur der Wirkung zu verstehen.

Nehmen wir an, dass Sie bei einem Spaziergang auf dem Lande auf der Spitze eines Hügels etwas bemerken, das eine schwache Ähnlichkeit mit einem großen, unbeweglichen Körper mit sich drehenden Armen hat. Bis jetzt wissen Sie nicht, was es ist, aber Sie beginnen, in Ihren IDEEN - d.h. im vorliegenden Fall in den Ihnen zur Verfügung stehenden Erinnerungen - nach der Erinnerung zu suchen, die am besten zu dem passt, was Sie sehen. Fast sofort kommt Ihnen das Bild einer Windmühle in den Sinn: Das Objekt vor Ihnen ist eine Windmühle. Es spielt keine Rolle, ob Sie, bevor Sie das Haus verließen, gerade Märchen gelesen haben, in denen von Riesen mit riesigen Armen die Rede ist; denn obwohl der gesunde Menschenverstand hauptsächlich darin besteht, sich erinnern zu können, besteht er noch mehr darin, vergessen zu können. Der gesunde Menschenverstand ist das Bestreben eines Verstandes, der sich ständig neu anpasst und seine Ideen ändert, wenn er die Objekte wechselt. Es ist die Beweglichkeit der Intelligenz, die sich genau an die Beweglichkeit der Dinge anpasst. Es ist die bewegliche Kontinuität unserer Aufmerksamkeit für das Leben. Aber jetzt nehmen wir Don Quijote, der in den Krieg zieht. Die Romane, die er gelesen hat, erzählen alle von Rittern, die unterwegs auf riesige Gegner treffen. Er muss also zwangsläufig auf einen Riesen treffen. Diese Vorstellung von einem Riesen ist eine privilegierte Erinnerung, die sich in seinem Geist eingenistet hat und dort regungslos auf eine Gelegenheit wartet, auszubrechen und sich in einer Sache zu verkörpern. Es ist darauf aus, in die materielle Welt einzutreten, und so nimmt das erste Objekt, das er sieht und das auch nur die geringste Ähnlichkeit mit einem Riesen hat, die Form eines solchen an. So sieht Don Quijote Riesen, wo wir Windmühlen sehen. Das ist komisch, es ist auch absurd. Aber ist es eine bloße Absurdität, eine Absurdität von unbestimmter Art?

Es ist eine ganz besondere Umkehrung des gesunden Menschenverstands. Sie besteht darin, dass wir versuchen, die Dinge nach unseren eigenen Vorstellungen zu formen, anstatt unsere Vorstellungen nach den Dingen zu formen, dass wir vor uns sehen, woran wir denken, anstatt an das zu denken, was wir sehen. Der gesunde Menschenverstand würde uns raten, alle unsere Erinnerungen an ihrem Platz zu belassen. Dann wird die passende Erinnerung jedes Mal auf die Aufforderung der aktuellen Situation antworten und nur dazu dienen, sie zu interpretieren. Aber in Don Quijote gibt es im Gegenteil eine Gruppe von Erinnerungen, die alle anderen beherrscht und die Figur selbst dominiert: Es ist also die Realität, die sich nun der Phantasie beugen muss und deren einzige Funktion darin besteht, der Phantasie einen Körper zu geben. Sobald die Illusion geschaffen ist, entwickelt Don Quijote sie logisch genug in all ihren Konsequenzen; er geht mit der Sicherheit und Präzision eines Schlafwandlers vor, der seinen Traum spielt. Das ist also der Ursprung seiner Wahnvorstellungen und das ist die besondere Logik, die diese besondere Absurdität steuert. Ist diese Logik nun eine Besonderheit des Don Quijote?

Wir haben gezeigt, dass die komische Figur immer durch Eigensinn oder Veranlagung, durch Zerstreutheit, kurz gesagt, durch Automatismus irrt. Der Komik liegt eine Art Starrheit zugrunde, die ihre Opfer dazu zwingt, sich strikt an einen Weg zu halten, ihm geradewegs zu folgen, die Ohren zu verschließen und sich zu weigern, zuzuhören. Wie viele komische Szenen in Molieres Stücken lassen sich auf diesen einfachen Typus reduzieren: Eine Figur, die ihrer einen Idee folgt und trotz ständiger Unterbrechungen immer wieder zu ihr zurückkehrt! Der Übergang von dem Mann, der nichts hören will, zu dem, der nichts sehen will, und von letzterem zu dem, der nur das sieht, was er sehen will, scheint sich unmerklich zu vollziehen. Ein starrköpfiger Geist endet damit, dass er die Dinge seiner eigenen Denkweise anpasst, anstatt seine Gedanken an die Dinge anzupassen. Jede komische Figur befindet sich also auf dem Weg zu der oben erwähnten Illusion, und Don Quijote liefert uns den allgemeinen Typus der komischen Absurdität.

Gibt es einen Namen für diese Umkehrung des gesunden Menschenverstands? Zweifellos ist es in akuter oder chronischer Form bei bestimmten Formen des Wahnsinns zu finden. In vielen Aspekten ähnelt sie einer fixen Idee. Aber weder der Wahnsinn im Allgemeinen noch die fixen Ideen im Besonderen regen zum Lachen an: Sie sind Krankheiten und wecken unser Mitleid.

Lachen ist, wie wir gesehen haben, unvereinbar mit Emotionen. Wenn es einen Wahnsinn gibt, über den man lachen kann, kann es sich nur um einen Wahnsinn handeln, der mit der allgemeinen Gesundheit des Geistes vereinbar ist - eine gesunde Art von Wahnsinn, könnte man sagen. Nun, es gibt einen gesunden Zustand des Geistes, der dem Wahnsinn in jeder Hinsicht ähnelt, in dem wir dieselben Assoziationen von Ideen finden wie im Wahnsinn, dieselbe eigentümliche Logik wie bei einer fixen Idee. Dieser Zustand ist der des Traums. Entweder ist unsere Analyse also falsch, oder es muss sich in folgendem Theorem ausdrücken lassen: Die Absurdität der Komik ist von der gleichen Art wie die der Träume.

Das Verhalten des Intellekts in einem Traum ist genau das, was wir gerade beschrieben haben. Der Verstand, der in sich selbst verliebt ist, sucht in der äußeren Welt nur noch einen Vorwand, um seine Vorstellungen zu verwirklichen. Ein wirres Gemurmel von Geräuschen dringt noch an das Ohr, Farben treten in das Blickfeld, die Sinne sind nicht völlig verschlossen. Aber der Träumer greift nicht auf die Gesamtheit seiner Erinnerungen zurück, um das zu interpretieren, was seine Sinne wahrnehmen, sondern er nutzt das, was er wahrnimmt, um der von ihm bevorzugten Erinnerung Substanz zu verleihen: Je nach der Stimmung des Träumers und der Idee, die seine Vorstellungskraft zu diesem Zeitpunkt erfüllt, wird ein Windstoß, der durch den Schornstein weht, zum Heulen eines wilden Tieres oder zu einer melodischen Melodie. Das ist der übliche Mechanismus der Illusion im Traum.

Wenn nun die komische Illusion der Traumillusion ähnelt, wenn die Logik des Komischen die Logik der Träume ist, dann können wir erwarten, dass wir in der Logik des Lachhaften alle Besonderheiten der Traumlogik entdecken. Auch hier finden wir eine Veranschaulichung des Gesetzes, das wir gut kennen: Wenn es eine Form des Lächerlichen gibt, werden andere Formen, denen dasselbe komische Wesen fehlt, durch ihre äußere Ähnlichkeit mit der ersten lächerlich. Es ist in der Tat nicht schwer zu erkennen, dass jedes IDEENSPIEL uns amüsieren kann, wenn es uns nur mehr oder weniger deutlich an das Spiel der Traumwelt erinnert.

Wir werden zunächst auf eine gewisse allgemeine Lockerung der Regeln des Denkens aufmerksam machen. Die Argumente, über die wir lachen, sind solche, von denen wir wissen, dass sie falsch sind, die wir aber für wahr halten würden, wenn wir sie im Traum hören würden. Sie fälschen die wahre Argumentation gerade so weit, dass sie einen Geist, der in den Schlaf fällt, täuschen. Wenn Sie so wollen, steckt in ihnen immer noch ein Element der Logik, aber es ist eine Logik, der es an Spannung fehlt und die uns gerade deshalb von der intellektuellen Anstrengung befreit. Viele "Witzeleien" sind Argumentationen dieser Art, stark verkürzte Argumentationen, von denen wir nur den Anfang und das Ende kennen. Solche Gedankenspiele entwickeln sich in dem Maße zu Wortspielen, in dem die Beziehungen zwischen den Ideen immer oberflächlicher werden: Allmählich achten wir nicht mehr auf die Bedeutung der Worte, sondern nur noch auf ihren Klang. Es könnte lehrreich sein, bestimmte komische Szenen mit Träumen zu vergleichen, in denen eine der Figuren systematisch auf unsinnige Weise wiederholt, was eine andere Figur ihr ins Ohr flüstert. Wenn Sie einschlafen, während die Leute um Sie herum reden, stellen Sie manchmal fest, dass das, was sie sagen, allmählich bedeutungslos wird, dass die Klänge sozusagen verzerrt werden und sich in Ihrem Kopf zu den seltsamsten Bedeutungen zusammenfügen, und dass Sie zwischen sich und den verschiedenen Sprechern die Szene zwischen Petit-Jean und dem Prompter wiedergeben. *(Anmerkung: Les Plaideurs (Racine))*.

Es gibt auch COMIC OBSESSIONEN, die große Ähnlichkeit mit Traumbesessenheiten zu haben scheinen. Wer hat nicht schon einmal die Erfahrung gemacht, dass dasselbe Bild in mehreren aufeinanderfolgenden Träumen auftaucht und in jedem von ihnen eine plausible Bedeutung annimmt, während diese Träume sonst keine Gemeinsamkeiten haben. Wiederholungseffekte treten manchmal in dieser besonderen Form auf der Bühne oder in der Fiktion auf: Einige von ihnen klingen tatsächlich so, als gehörten sie zu einem Traum. So mag es auch mit der Last mancher Lieder sein: Sie kehrt beharrlich, immer unverändert, am Ende jeder Strophe wieder, jedes Mal mit einer anderen Bedeutung.

Nicht selten bemerken wir in Träumen ein besonderes CRESCENDO, einen seltsamen Effekt, der sich im Laufe der Zeit immer mehr verstärkt. Das erste Zugeständnis, das der Vernunft abgerungen wird, führt zu einem zweiten; und dieses zu einem weiteren, das ernster ist; und so weiter, bis die krönende Absurdität erreicht ist. Dieses Fortschreiten ins Absurde ruft beim Träumenden ein sehr eigenartiges Gefühl hervor. Das ist wahrscheinlich die Erfahrung des Trinkers, wenn er spürt, wie er angenehm in einen Zustand der Leere abdriftet, in dem weder Vernunft noch Anstand eine Bedeutung für ihn haben. Überlegen Sie nun, ob einige Stücke von Molière nicht dasselbe Gefühl hervorrufen würden: zum Beispiel Monsieur de Pourceaugnac, das sich nach einem fast vernünftigen Anfang zu einer Abfolge von Absurditäten aller Art entwickelt. Denken Sie auch an Bourgeois gentilhomme, in dem sich die verschiedenen Figuren im Laufe des Stücks in einen wahren Strudel des Wahnsinns heranschaffen. "Wenn es möglich ist, einen Mann zu finden, der noch verrückter ist, werde ich hingehen und ihn in Rom veröffentlichen." Dieser Satz, der uns darauf hinweist, dass das Stück zu Ende ist, weckt uns aus dem immer extravaganter werdenden Traum, in den wir zusammen mit M. Jourdain versunken sind.

Aber vor allem gibt es einen besonderen Wahnsinn, der den Träumen eigen ist. Es gibt bestimmte Widersprüche, die für die Phantasie eines Träumers so natürlich und für die Vernunft eines wachen Menschen so absurd sind, dass es unmöglich wäre, jemandem, der sie nicht erlebt hat, eine vollständige und korrekte Vorstellung von ihrer Natur zu vermitteln. Wir spielen auf die seltsame Verschmelzung an, die ein Traum oft zwischen zwei Personen bewirkt, die von nun an nur noch eine sind und doch verschieden bleiben. Im Allgemeinen ist eine dieser Personen der Träumer selbst. Er spürt, dass er nicht aufgehört hat, das zu sein, was er ist, und doch ist er jemand anderes geworden. Er ist er selbst und doch nicht er selbst. Er hört sich selbst sprechen und sieht sich selbst handeln, aber er hat das Gefühl, dass ein anderer "er" sich seinen Körper geliehen und seine Stimme gestohlen hat. Oder er ist sich bewusst, dass er wie gewohnt spricht und handelt, aber er spricht von sich als einem Fremden, mit dem er nichts gemein hat; er ist aus seinem eigenen Ich herausgetreten. Kommt es Ihnen nicht auch so vor, als ob wir diese außergewöhnliche Verwirrung in so mancher komischen Szene wiederfinden? Ich spreche nicht von Amphitryon, in dessen Stück die Verwirrung dem Zuschauer vielleicht suggeriert wird, obwohl der größte Teil des komischen Effekts eher von dem ausgeht, was wir bereits eine "gegenseitige Beeinflussung zweier Serien" genannt haben. Ich spreche von den extravaganten und komischen Argumentationen, in denen wir diese Verwirrung wirklich in ihrer reinen Form antreffen, auch wenn es einiger Aufmerksamkeit bedarf, um sie zu erkennen. Hören Sie sich zum Beispiel die Antworten von Mark Twain an, die er dem Reporter gab, der ihn interviewen wollte:

FRAGE. Ist das nicht ein Bruder von Ihnen? ANTWORT. Oh! Ja, ja, ja! Jetzt erinnern Sie mich daran, dass das ein Bruder von mir war. Das ist William - Bill haben wir ihn genannt. Armer alter Bill!

F. Und warum? Ist er denn tot? A. Ah! Nun, ich nehme es an. Wir konnten es nie wissen. Es war ein großes Geheimnis.

F. Das ist traurig, sehr traurig. Er ist also verschwunden? A. Nun, ja, ganz allgemein. Wir haben ihn begraben.

F. Ihn begraben! Ihn begraben, ohne zu wissen, ob er tot war oder nicht? A. Oh nein! Das nicht. Er war tot genug.

F. Nun, ich gebe zu, dass ich das nicht verstehe. Wenn Sie ihn begraben haben, obwohl Sie wussten, dass er tot war - A. Nein! Nein! Wir dachten nur, er wäre es.

F. Oh, ich verstehe! Er ist wieder zum Leben erwacht? A. Ich wette, das ist er nicht.

F. Nun, so etwas habe ich noch nie gehört. Irgendjemand war tot. Jemand wurde begraben. Und wo war das Geheimnis? A. Ah! Das ist es ja gerade! Genau das ist es. Sehen Sie, wir waren Zwillinge, Defunct und ich, und wir wurden in der Badewanne verwechselt, als wir erst zwei Wochen alt waren, und einer von uns wurde ertränkt. Aber wir wussten nicht, wer. Manche glauben, es war Bill. Andere meinen, ich war es.

Q. Nun, das ist bemerkenswert. Was denken Sie? A. Weiß der Himmel! Ich würde alles geben, um es zu wissen. Diese feierliche, furchtbare Tragödie hat mein ganzes Leben in ein düsteres Licht gerückt. Aber ich werde Ihnen jetzt ein Geheimnis verraten, das ich noch nie jemandem anvertraut habe. Einer von uns hatte ein besonderes Zeichen, ein großes Muttermal auf dem Rücken seiner linken Hand: das war ICH. DIESES KIND WAR DASJENIGE, DAS ERTRUNKEN IST! ... usw., usw.

Bei näherer Betrachtung werden wir feststellen, dass die Absurdität dieses Dialogs keineswegs eine Absurdität der gewöhnlichen Art ist. Sie würde verschwinden, wenn der Sprecher nicht selbst einer der Zwillinge in der Geschichte wäre. Sie resultiert einzig und allein aus der Tatsache, dass Mark Twain behauptet, einer dieser Zwillinge zu sein, während er die ganze Zeit über so spricht, als wäre er eine dritte Person, die die Geschichte erzählt. In vielen unserer Träume wenden wir genau dieselbe Methode an.

V

Unter diesem letzten Gesichtspunkt betrachtet, scheint sich das Komische in einer etwas anderen Form zu zeigen als die, die wir ihm bisher zugeschrieben haben. Bis jetzt haben wir das Lachen in erster Linie als ein Mittel zur Korrektur betrachtet. Wenn Sie die Reihe der komischen Varietäten nehmen und die vorherrschenden Typen in großen Abständen isolieren, werden Sie feststellen, dass alle dazwischen liegenden Varietäten ihre komische Qualität aus ihrer Ähnlichkeit mit diesen Typen beziehen und dass die Typen selbst so viele Modelle der Unverschämtheit gegenüber der Gesellschaft sind. Auf diese Unverschämtheiten antwortet die Gesellschaft mit Lachen, einer noch größeren Unverschämtheit. Das Lachen hat also offensichtlich nichts sehr Wohlwollendes an sich. Es scheint eher dazu zu neigen, Böses mit Bösem zu vergelten.

Aber das ist es nicht, was uns beim ersten Eindruck des Lachhaften sofort auffällt. Die komische Figur ist oft eine, mit der unser Geist, oder vielmehr unser Körper, zunächst sympathisiert. Damit ist gemeint, dass wir uns für eine sehr kurze Zeit in ihn hineinversetzen, seine Gesten, Worte und Handlungen übernehmen und, wenn wir uns über etwas Lächerliches in ihm amüsieren, ihn in der Phantasie einladen, sein Amüsement mit uns zu teilen; tatsächlich behandeln wir ihn zunächst wie einen Spielkameraden. Im Lacher finden wir also einen "Hallo-Kumpel-Gemeinschaftsgeist" - zumindest dem Anschein nach -, den wir nicht berücksichtigen sollten. Vor allem gibt es beim Lachen eine Entspannungsbewegung, die schon oft bemerkt wurde und deren Grund wir versuchen müssen zu entdecken. Nirgendwo ist dieser Eindruck deutlicher als bei den letzten Beispielen. In diesen Beispielen werden wir auch die Erklärung dafür finden.

Wenn die komische Figur automatisch ihrer Idee folgt, denkt, spricht und handelt sie schließlich, als würde sie träumen. Nun, ein Traum ist eine Entspannung. Um mit den Dingen und Menschen in Kontakt zu bleiben, nichts anderes zu sehen als das, was vorhanden ist, und nichts anderes zu denken als das, was stimmig ist, erfordert eine ständige Anstrengung der intellektuellen Spannung. Diese Anstrengung ist der gesunde Menschenverstand. Und vernünftig zu bleiben, heißt in der Tat, bei der Arbeit zu bleiben. Aber sich von den Dingen zu lösen und dennoch weiterhin Bilder wahrzunehmen, sich von der Logik zu lösen und dennoch weiterhin Ideen aneinanderzureihen, bedeutet, sich dem Spiel hinzugeben oder, wenn Sie so wollen, dem dolce far niente. Die komische Absurdität vermittelt uns also von Anfang an den Eindruck, mit Ideen zu spielen. Unser erster Impuls ist, das Spiel mitzuspielen. Das entlastet uns von der Anstrengung des Denkens. Dasselbe könnte man auch von den anderen Formen des Lächerlichen sagen. Wie wir schon sagten, gibt es im Komischen immer eine Tendenz, den Weg des geringsten Widerstands zu gehen, im Allgemeinen den der Gewohnheit. Die komische Figur versucht nicht mehr, sich unaufhörlich an die Gesellschaft, der sie angehört, anzupassen und zu verändern. Er lässt in der Aufmerksamkeit, die dem Leben gebührt, nach. Er ähnelt mehr oder weniger dem Zerstreuten. Vielleicht ist sein Wille hier sogar noch stärker betroffen als sein Intellekt, und es mangelt ihm weniger an Aufmerksamkeit als an Spannung; dennoch ist er auf die eine oder andere Weise abwesend, weg von seiner Arbeit, es sich gut gehen lassend. Er gibt die gesellschaftliche Konvention auf, so wie er in dem Fall, den wir gerade betrachtet haben, die Logik aufgegeben hat. Auch hier ist unser erster Impuls, die Einladung anzunehmen, es ruhig angehen zu lassen. Zumindest für eine kurze Zeit machen wir das Spiel mit. Und das entlastet uns von den Strapazen des Lebens.

Aber wir ruhen nur für eine kurze Zeit. Die Sympathie, die in den Eindruck des Komischen einfließen kann, ist sehr flüchtig. Es entsteht auch durch einen Lapsus in der Aufmerksamkeit. So vergisst ein strenger Vater manchmal sich selbst und macht einen Streich seines Kindes mit, nur um sich sofort zu beherrschen, um es zu korrigieren.

Lachen ist in erster Linie ein Korrektiv. Da es dazu bestimmt ist, zu demütigen, muss es bei demjenigen, gegen den es gerichtet ist, einen schmerzhaften Eindruck hinterlassen. Durch das Lachen rächt sich die Gesellschaft für die Freiheiten, die sie sich genommen hat. Es würde seinen Zweck verfehlen, wenn es den Stempel der Sympathie oder der Freundlichkeit trüge.

Sollen wir uns sagen lassen, dass das Motiv auf jeden Fall ein gutes ist, dass wir oft bestrafen, weil wir lieben, und dass das Lachen, indem es die äußeren Manifestationen bestimmter Fehler eindämmt, die Person, die ausgelacht wird, dazu bringt, diese Fehler zu korrigieren und sich dadurch innerlich zu verbessern?

Zu diesem Punkt könnte man viel sagen. In der Regel und grob gesagt, übt das Lachen zweifellos eine nützliche Funktion aus. In der Tat weist unsere gesamte Analyse auf diese Tatsache hin. Aber daraus folgt nicht, dass das Lachen immer ins Schwarze trifft oder ausnahmslos von Gefühlen der Güte oder gar der Gerechtigkeit inspiriert ist.

Um sicher zu sein, dass es immer ins Schwarze trifft, müsste es aus einem Akt der Reflexion hervorgehen. Nun ist das Lachen einfach das Ergebnis eines Mechanismus, der von der Natur oder, was fast dasselbe ist, von unserer langen Bekanntschaft mit dem gesellschaftlichen Leben in uns angelegt ist. Es geht spontan los und kehrt zurück, wie es gekommen ist. Es hat keine Zeit, zu schauen, wo es hinschlägt. Das Lachen bestraft bestimmte Versäumnisse wie die Krankheit bestimmte Formen des Exzesses, es trifft die Unschuldigen und verschont die Schuldigen, es zielt auf ein allgemeines Ergebnis ab und ist nicht in der Lage, sich mit jedem einzelnen Fall zu befassen. Und so ist es auch mit allem, was auf natürliche Weise geschieht und nicht durch bewusste Überlegungen. Im Gesamtergebnis kann sich ein Mittelwert der Gerechtigkeit zeigen, auch wenn die Details für sich genommen oft auf alles andere als Gerechtigkeit hindeuten.

In diesem Sinne kann das Lachen nicht absolut gerecht sein. Es sollte auch nicht gutmütig sein. Seine Funktion ist es, einzuschüchtern und zu demütigen. Das würde ihm nicht gelingen, wenn die Natur nicht zu diesem Zweck selbst in den besten Menschen einen Funken Boshaftigkeit oder zumindest Unfug eingepflanzt hätte. Vielleicht sollten wir diesen Punkt nicht zu genau untersuchen, denn wir würden nichts finden, was uns sehr schmeicheln würde. Wir sollten sehen, dass diese Bewegung der Entspannung oder Ausdehnung nichts anderes als ein Vorspiel zum Lachen ist, dass der Lacher sich sofort in sich selbst zurückzieht, selbstbewusster und eingebildeter denn je, und offensichtlich bereit ist, die Persönlichkeit eines anderen als eine Marionette zu betrachten, deren Fäden er zieht. In dieser Anmaßung erkennen wir schnell einen gewissen Egoismus und dahinter etwas weniger Spontanes und Bitteres, die Anfänge eines seltsamen Pessimismus, der umso ausgeprägter wird, je genauer der Lacher sein Lachen analysiert.

Hier wie anderswo hat die Natur das Böse im Hinblick auf das Gute genutzt. Es ist vor allem das Gute, mit dem wir uns in diesem Werk beschäftigt haben. Wir haben gesehen, dass die Anpassungsfähigkeit der Gesellschaft umso plastischer wird, je mehr sie sich verbessert. Je größer die Tendenz zu mehr Stabilität im Inneren ist, desto mehr drängt sie die störenden Elemente an die Oberfläche, die untrennbar mit einer so gewaltigen Masse verbunden sind, und so erfüllt das Lachen eine nützliche Funktion, indem es die Form dieser bedeutenden Wellenbewegungen hervorhebt. So ist auch der unerbittliche Krieg der Wellen an der Oberfläche des Meeres, während in der Tiefe tiefer Frieden herrscht. Die Wellen kollidieren und stoßen aneinander, während sie versuchen, ihr Niveau zu finden. Ein Saum aus schneeweißem Schaum, federleicht und fröhlich, folgt ihren wechselnden Konturen. Von Zeit zu Zeit hinterlässt die zurückweichende Welle einen Rest von Schaum auf dem Sandstrand. Das Kind, das in der Nähe spielt, hebt eine Handvoll auf und stellt im nächsten Moment mit Erstaunen fest, dass es nur noch ein paar Tropfen Wasser in der Hand hat, Wasser, das viel brackiger und bitterer ist als das der Welle, die es herbeigebracht hat. Das Lachen entsteht auf dieselbe Weise. Es zeigt eine leichte Revolte an der Oberfläche des gesellschaftlichen Lebens an. Es nimmt sofort die wechselnden Formen der Störung an. Auch es ist ein Schaum mit einer salzigen Basis. Es ist wie Schaum, der funkelt. Es ist die Fröhlichkeit selbst. Aber der Philosoph, der eine Handvoll davon probiert, wird feststellen, dass die Substanz dürftig ist und der Nachgeschmack bitter.

Ende

BUCHTIPPS

Allgemeine moderne Psychologie
Systematische Einführung in die Wissenschaft psychischer Prozesse. Autor: Messer, August. Man hat mit Recht drei Hauptwurzeln der Psychologie unterschieden: die praktische Menschenkenntnis, den religiösen Seelenglauben und die biologische Lebenserklärung. Psychologie als praktische Menschenkenntnis ...

Besseres Gedächtnis
Wie man es stärkt, trainiert und einsetzt. Autor: Atkinson, Wilhelm Walker. Viele Menschen scheinen zu glauben, dass Erinnerungen einfach kommen und nicht gefördert werden können. Aber der Trugschluss einer solchen Vorstellung wird ...

Das individuelle Ich
Über das Selbstbewusstsein. Autor: Lipps, Theodor. Was ist das Wesen meines Selbstbewusstseins und was meine ich, wenn ich „Ich" sage? Was ist der Kern von diesem meinem Ich? Und wie hängt mein ...

Der Spiritismus
In Neusatz und aktueller Rechtschreibung. Autor: du Prel, Carl. Der Spiritismus ist ohne Zweifel die paradoxeste aller Wissenschaften und er wird es wohl noch lange bleiben. Das liegt offenbar nur daran, dass ...

Die ersten Spuren psychischer Erscheinungen
Das psychische Leben von Mikroorganismen – Eine Studie in experimenteller Psychologie. Autor: Binet, Alfred. Es gibt mikroskopisch winzige Lebewesen, die kein Gehirn haben und dennoch so etwas wie ein Gedächtnis. Diesen Lebewesen ...

Die Hypnose und die Hypno-Narkose
Für Medizin-Studierende, Praktiker und Fachärzte. Autor: Friedländer, Adolf Albrecht. Die Hypnose ist ein auf künstlichem Weg herbeigeführter Schlafzustand. Einen solchen kann man auch durch Medikamente erzeugen. Gelingt es ohne Medikamente, hat das ...

Die Natur psycho-physikalischer Phänomene
Materialisations-Experimente mit M. Franek-Kluski. Autor*innen: Sedlacek, Klaus-Dieter; Schrenck-Notzing, A. Freiherrn von. Die vorliegende Schrift beschäftigt sich mit speziellen physikalischen Phänomenen, nämlich mit durch Versuchspersonen verursachten Materialisation von Objekten. Das tatsächliche Vorkommen dieser ...

Die Psychoanalyse des Organischen
Sechs Vorträge und Aufsätze vom Wegbereiter der Psychosomatik. Autor: Georg Groddeck , Klaus-Dieter Sedlacek (Hrsg.) Den publizistischen Anfang zur Psychosomatik machte Georg Groddeck 1917 mit der Broschüre Psychische Bedingtheit und psychoanalytische ...

Einfach logisch denken!
Oder die Gesetze des Denkens. Autor: Atkinson, Wilhelm Walker In diesem Buch werden die Methoden und Prinzipien der korrekten Anwendung des Denkvermögens aufgezeigt, und zwar auf eine einfache und klare Weise, ohne ...

Gebundener Wille
Das Problem der Willensfreiheit. Autor: Lipps, Gottlob Friedrich. Auf der Basis der philosophischen Darstellung der Gebundenheit des Willens von Gottlob Friedrich Lipps entwickelt der Autor und Herausgeber eine naturwissenschaftliche Theorie, welche unter ...

Geister, die ich gesehen habe
und andere übersinnliche Erfahrungen. Autor: Tweedale, Violet. Das Buch ist zweifacher Natur. Einerseits gibt die Autorin Berichte wieder, die unter anderem von ihren zahlreichen Freunden und Bekannten aus der Oberschicht stammen und ...

Geld vernünftig ausgeben
Über die richtige Art von Sparsamkeit Autor: Marden, Orison Swett Im Inhalt behandelte Punkte: – Wirtschaft ist keine Schikane, sondern das planvolle Handeln zur Befriedigung von Bedürfnissen. – Kapital ist der kleine Unterschied zwischen ...

Gestalt-Psychologie
Einführung in die neue Psychologie vom Begründer der Gestaltpsychologie Kurt Koffka , Klaus-Dieter Sedlacek (Hrsg.) Kurt Koffka hat als forschender Psychologe für dieses Buch zur Einführung in die Psychologie einen besonderen ...

Liebesbeziehungen und deren Störungen
Lebensführung nach den Grundsätzen der Individualpsychologie. Autor: Alfred Adler , Klaus-Dieter Sedlacek (Hrsg.) Um einen Menschen ganz kennenzulernen, ist es notwendig, ihn auch in seinen Liebesbeziehungen zu verstehen ... Wir müssen ...

Massenpsychologie am Beispiel Jan Bockelsons
Geschichte eines Massenwahns mit einer Einführung von Sigmund Freud Friedrich Reck-Malleczewen , Klaus-Dieter Sedlacek (Hrsg.) Der Begriff Massenhysterie oder auch Massenwahn bezeichnet eine starke emotionale Erregung in großen Menschenmengen. Auch massenhaft ...

Moderne Magie
Überlieferungen und Berichte unerklärlicher Phänomene weltweit. Autor: Schele De Vere, Maximilian. Das Buch „Moderne Magie" enthält eine Fülle von Berichten sowie eine umfangreichen Bibliographie der Überlieferun-

gen und Berichte unerklärlicher Phänomene weltweit. Es ...

Neue praktische Menschenkenntnis

Menschen richtig behandeln Autor: Verweyen, Johannes Maria Wer ist dieser Einzelmensch? Welches sind die Grundzüge seines seelischen und geistigen Wesens, seine Anlagen, Begabungen und Neigungen, seine Bestrebungen im positiven und negativen Sinne, ...

Optische Täuschungen

... und Illusionen, sowie ihre Ursachen. Autor: Reuss, August von . Optische Täuschungen bzw. Illusionen können nahezu alle Aspekte des Sehens betreffen. Es gibt Illusionen aller Art, Lichtblitze, Farbreize, Tiefenillusionen, geometrische Illusionen, ...

Persönliche Anziehungskraft und psychische Beeinflussung

15 Lektionen zum Thema Gedankenkraft, Konzentration und Willenskraft. Autor: Atkinson, William Walker. Das, was wir als persönlicher Anziehungskraft bezeichnen, ist der subtile Strom von Gedankenwellen oder Gedankenschwingungen, die vom menschlichen Geist ausgestrahlt ...

Psychologische Verkaufskunst

Denk- und Handlungsweisen, Vorgangsweise und Abschluss. Autor: Atkinson, Wilhelm Walker. In der Psychologie der Verkaufskunst gibt es zwei wichtige Elemente, nämlich (1) Die Psyche des Verkäufers; und (2) die Psyche des Käufers. Das zu verkaufende ...

So aktivierst du unbekannte Gedankenkräfte

Geistige Lebensgesetze und seelische Welten. Autor: Peters, Emil. Nur wer seinen Gedanken gebieten kann, gebietet auch dem äußeren Leben. Denn unsere Gedanken sind unser Leben. So wird der planvoll Denkende überall der Überlegene ...

Strahlende Kräfte durch positives Denken

Wege zum Glück. Autor*innen: Peters, Emil. Aus dem Inhalt: – Die Macht deiner Gedanken – Die Heilkraft der Seele und des Willens – Von den geistigen Verbindungen der Menschen – Beherrsche dein Leben und dein Schicksal – ...

Vom Jenseits der Seele

Die Geheimwissenschaften in kritischer Betrachtung. Autor: Dessoir, Max. „Es mag der ... Psychologie unendlich schwer fallen, in Gebiete sich zu dehnen, die verständlich werden nur vom Standpunkt eines wirklichen Transzendent-Seelischen, eines von ...

Wege zum Glück

... durch die Macht der Gedanken. Autor: Peters, Emil. „Lass nur solche Gedanken in dich einströmen, die dein Leben und dein Wesen edler, reicher und schöner machen! " Dies ist einer der Merksätze, ...

Wie Ehrgeiz zum Erfolg führt

und zu einem höheren Ziel im Leben. Autor: Marden, Orison Swett. Was immer uns im Leben begegnet, erschaffen wir zuerst in unserer Mentalität. So wie das Gebäude in all seinen Details im ...

Wie man seinen Verstand benutzt

Und seine Willenskraft stärkt. Ein praktisches Handbuch der Psychologie. Autor: Atkinson, Wilhelm Walker. Der Mechanismus der psychischen Zustände – die geistige Maschinerie, mit deren Hilfe wir fühlen – denken und wollen – ...

Wissenschaftliche Parapsychologie

Autor: Driesch, Hans. Mit den »mystischen«, »irrationalen« Neigungen hat die Parapsychologie gar nichts zu tun. Sie ist Wissenschaft, ganz ebenso, wie Chemie und Geologie Wissenschaften sind. Unmittelbar »schauen« tut sie gar ...

https://Leseproben.net oder https://ToppBook.de